湖州景点导游服务

孙佳 编著

东华大学 出版社

·上海·

内容简介

　　为满足湖州景点旅游行业对旅游专业人才培养的需求，贯彻落实国家教育体制改革和教材建设的最新精神，本书以湖州市精品课程"湖州地方景点导游讲解"为基础，扩大且增加了景点导游服务的其他内容，本书以旅游专业学生和刚入职的新导游为主要读者群，是集教、学、做为一体的应用型课程，立足于以导游为本，以就业为导向，掌握湖州景点导游服务工作中所需要的知识和技能，是导游初学者从事景点导游服务工作的必修课程。

图书在版编目（ＣＩＰ）数据

　　湖州景点导游服务 / 孙佳编著. — 上海：东华大学出版社，2021.6
　　ISBN 978-7-5669-1914-4

　　Ⅰ.①湖… Ⅱ.①孙… Ⅲ.①旅游服务—教材
Ⅳ.①F590.63

　　中国版本图书馆CIP数据核字（2021）第122250号

湖州景点导游服务

HUZHOU JINGDIAN DAOYOU FUWU

孙　佳　编著

出　　　版：东华大学出版社（上海市延安西路1882号，200051）
网　　　址：http://dhupress.dhu.edu.cn
天猫旗舰店：http://dhdx.tmall.com
营销中心：021-62193056　62373056　62379558
印　　　刷：上海颛辉印刷厂有限公司
开　　　本：889 mm × 1194 mm　1/16　印张：9.5
字　　　数：330千字
版　　　次：2021年6月第1版
印　　　次：2021年6月第1次印刷
书　　　号：ISBN 978-7-5669-1914-4
定　　　价：68.00元

目　录

前　言

　　导游服务历来被视为旅游业的灵魂，其服务质量的好坏，直接影响到一个国家和地区的旅游形象。而景点导游服务，是整个导游服务过程中最重要的环节，是重中之重。但从湖州旅游现状来看，又是导游服务中较薄弱的环节。因此，尽快培养一支高素质景点导游，提高讲解质量，是当务之急，是湖州旅游业兴旺发达的需要，也是编写此书的初衷。

　　为满足湖州景点旅游行业对旅游专业人才培养的需求，贯彻落实国家教育体制改革和教材建设的最新精神。本书以湖州市精品课程"湖州地方景点导游讲解"为基础，扩大且增加了景点导游服务的其他内容，以旅游专业学生和刚入职的新导游为主要读者群。"湖州地方景点导游讲解"是集教、学、做为一体的应用型课程，立足于以导游为本，以就业为导向，掌握湖州景点导游服务工作中所需要的知识和技能，是导游初学者从事景点导游服务工作所需掌握的必修课程。

　　本书结合湖州文化旅游发展的新变化及其对行业教育的新要求，在内容和编写方面的主要特色是：

　　1.在编写体例上，改变了传统旅游教材一直沿袭的结构，全书分为六个学习单元，突出了"模块化"的特点。每一单元都由"学习目标""学习任务"开始，提示本单元的关键知识和具体任务；单元结束有"学习收获""学习评价"，让读者学有所思、学有所得。

　　2.在内容选取上，本书主要针对旅游专业学生和刚刚加入导游人员队伍的上岗人员的需要，加强其景点导游服务规范性和技能性训练，提高讲解能力和服务水平而编写的。它既可以作为旅游专业的实训教材，也可以作为刚刚迈入旅游行业门槛的导游人员的学习、训练教材。

　　3.设计意图上，突出导游的主体地位，从而做到"学以致用"。本书是依据导游实际工作中景点导游服务工作项目的要求而设置的，教材设计思路是以培养导游的景点知识、讲解技巧和相关素养为目标。教材紧跟旅游行业发展需求，密切关注行业与时代发展动态，突出职业性和时代性。

　　本书具有实用性强、技能性突出的特点，重在培养作为一名合格导游人员在景点导游服务时所应具备的职业素养和岗位技能。通过学习，能够更好地胜任湖州景点导游服务工作，从而提高导游服务能力和水平，为湖州旅游景区或旅游相关企业培养优秀的导游人才发挥重要的作用。由于编者水平有限，书中难免有不足和疏漏，真诚地希望专家、读者批评指正，以便再版时进行修改和完善。

编　者

2021 年 2 月

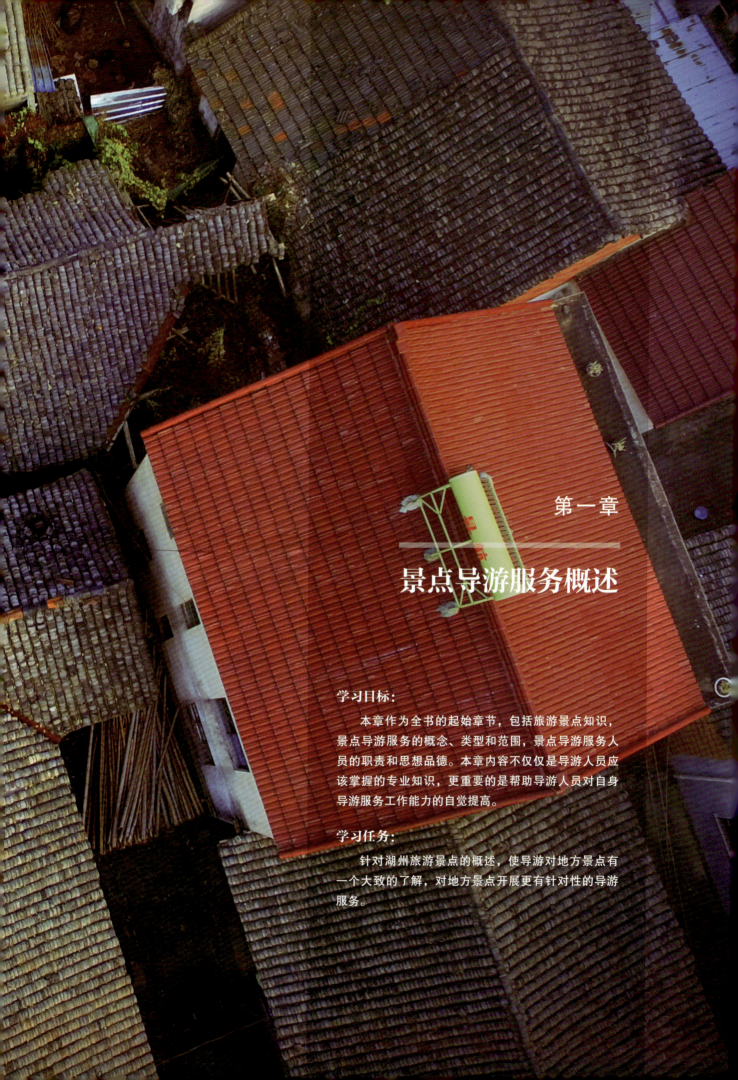

第一章

景点导游服务概述

学习目标:

    本章作为全书的起始章节,包括旅游景点知识,景点导游服务的概念、类型和范围,景点导游服务人员的职责和思想品德。本章内容不仅仅是导游人员应该掌握的专业知识,更重要的是帮助导游人员对自身导游服务工作能力的自觉提高。

学习任务:

    针对湖州旅游景点的概述,使导游对地方景点有一个大致的了解,对地方景点开展更有针对性的导游服务。

第一节　旅游景点知识

一、旅游景区的定义

我国国家质量技术监督局2004年发布的国家标准《旅游景区质量等级的划分与评定》（修订）（GBT775-2003）中对旅游景区的定义为：旅游景区是指具有参观游览、休闲度假、康乐健身等功能，具备相应旅游服务设施，并提供相应旅游服务的独立管理区。该管理区应有统一的经营管理机构和明确的地域范围，包括风景区、文博院馆、寺庙观堂、旅游度假区、自然保护区、主题公园、森林公园、地质公园、游乐园、动物园、植物园及工业、农业、经贸、科教、军事、体育、文化艺术等各类旅游景区。

二、旅游景区的类型

（一）按照资源特色划分

按照资源特色划分，旅游景区可以分为观光游览型旅游景区、历史古迹型旅游景区、民俗风情型旅游景区、文学艺术型旅游景区、娱乐游憩型旅游景区、科考探险型旅游景区、综合型旅游景区。

（二）按照功能划分

按照功能划分，可以分为经济开发型旅游景区和资源保护型旅游景区。经济开发型旅游景区是指完全以盈利为目的，基本上采用了现代企业管理模式，正在朝"产权清晰、责权明确、政企分开、管理科学"的现代企业制度发展，主要有主题公园、旅游度假区。

资源保护型旅游景区往往是以公共资源为依托的，景区的目标具有多重性，景区资源的社会文化与环境价值往往超过经济价值，景区资源具有不可再生性。由于这类景区资源的公共性，因此在经营上具有明显的排他性与垄断性，政府对这类景区的干预程度较高，主要有风景名胜区、森林公园、自然保护区、历史文物保护单位、地质公园、水利风景区等。

三、旅游景区的五级管理体系

在旅游区（点）质量等级的划分与评定（GBT775-200）中规定，旅游景区划分为五级，从高到低依次为AAAAA级、AAAA级、AAA级、AA级、A级旅游景区。旅游景区质量等级的标志、标牌、证书由国家旅游行政主管部门统一规定并颁发。

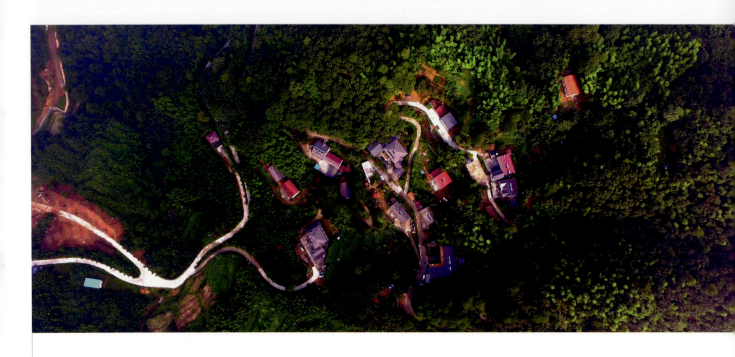

第二节　景点导游服务的概念、类型和范围

一、景点导游服务的概念

　　景点导游服务是导游服务的一个组成部分。所谓景点导游服务是指受景点管理部门的委派，在景点内向游客提供讲解、翻译、旅行生活服务等方面的景区接待服务。它包括旅游区、自然保护区、博物馆、名人故居等地的导游服务。

二、景点导游服务的类型和范围

（一）景点导游服务的类型

　　在景点导游服务的类型中，景点讲解是最为主要的，它是指导游人员向游客讲解景点的方式。大致有两类：图文声像导游和实地口语导游。

　　1.图文声像导游

　　（1）景点介绍卡片、画册、导游图、交通图等。

　　（2）有关景点专项旅游活动的宣传品、纪念品、广告、招贴等。

（3）有关景点介绍的录音带、录像带、电影片、幻灯片等。

（4）自动讲解器。许多景区为方便游客的观赏和游览，配置了多种语言的该景区的自助讲解器。

（5）智慧旅游。它是利用移动云计算、互联网等新技术，借助手机终端设备，使游客与网络实时互动，根据网上提供的相关旅游信息，进行旅游行程安排或适时调整旅游计划。

2. 实地口语导游

实地口语导游是指导游人员在所属景点内作的讲解、交谈以及问题解答。随着时代发展、科学技术的进步，导游服务的方式将越来越多样化、高科技化。图文声像导游形象生动、便于携带和保存的优势将会进一步发挥，在导游服务中的作用会进一步加强。然而，同实地口语导游相比，图文声像导游仍将处于从属地位，实地口语导游在导游服务中的核心地位是不可替代的，并将永远发挥着主导作用。

（二）景点导游服务的范围

1. 讲解服务

景点导游讲解，是景点导游人员工作的核心内容。导游人员要以深入浅出、生动形象、妙趣横生的讲解，激发游客的游览兴致，使之获得丰厚的知识和美的享受，并在潜移默化中陶冶情操。

2. 旅行生活服务

值得注意的是，导游人员对游客中的老、弱、病、残、幼人员要多加注意和照顾，要做好安全提示工作，注意游客的安全，保护游客的财产不受损失。

第三节　景点导游服务人员的职责和应具有的思想品德

一、景点导游人员的职责

（1）导游讲解。负责所在景点的导游讲解，解答游客的问询。景点导游的讲解要声情并茂，知识上要有一定的深度，要尽力挖掘景点的文化内涵，多给游客一些智慧和人生启迪。另外，由于景点主题突出，内容丰富，往往会引起游客的兴趣，也就常常会提出各种问题，导游人员要善于积累一些与该景点相关的专业知识，正确回答游客的各种问题。

（2）安全提示。景点旅游设施繁多，特别是一些科技含量较高的景点对游客参观浏览都有各种特殊要求，以保证游客的人身安全和场馆的设备安全。对这些安全要求，景点导游人员要及时进行安全提示，并协助管理人员处理好出现的各种问题。要随时提醒游客在参观游览过程中注意安全，并在需要时给予必要的帮助。

（3）结合景物向游客宣讲环境、生态和文物保护知识。

二、景点导游人员应具有的思想品德

合格的景点导游讲解人员应有良好的思想品德。思想品德是一个人的灵魂，主要表现在以下方面：

（1）热爱祖国、热爱社会主义。热爱祖国、热爱社会主义是合格的中国导游人员的首要条件。只有导游本身是个热情的爱国者，才会对自己的祖国有准确的了解，才会以自己的热情的导游工作感染游客。导游要熟知祖国的自然、人文景观，要掌握自己祖国五千年的历史与文化，树立民族自尊心和自豪感。导游要深入了解、热爱自己的工作，用自己的热情去感染游客，使他们在领略我国山川风物的同时，体味中华文化的博大精深，感受中华民族忍辱负重、不屈不挠、奋发图强的民族精神。

（2）优秀的道德品质。社会主义道德的本质特征是集体主义和全心全意为人民服务的精神。旅游接待是一个系统性工作，由旅行社和各个接待单位所组成，导游人员只是其中的一员。因此在工作中，应从这一系统的整体利益出发，从发展旅游业的大局出发，关心集体的生存和发展，努力做好本职工作，将全心全意为人民服务的精神与"宾客至上"的旅游服务宗旨紧密结合起来，主动、热情地为游客服务。

（3）高尚的情操。情操是以某一或某类事物为中心的一种复杂的、有组织的情感倾向，如爱国心、求知欲等。高尚的情操是导游人员必备的修养之一，要不断学习，提高自身的思想觉悟，努力使个人的追求与国家利益结合起来，在工作中要提高判断是非、识别善恶、分清荣辱的能力，培养自我控制能力，自觉抵制形形色色的精神污染，始终保持高尚的情操。

（4）良好的职业道德。旅游职业道德是旅游从业人员在旅游职业活动中所遵循的，与旅游职业活动相适应的道德规范及其所形成的道德观念、道德情操和道德品质等。我国旅游业经过几十年的发展，已形成旅游业员工的职业道德规范，即：爱国爱企，自尊自强；遵纪守法，敬业爱岗；公私分明，诚实善良；克勤克俭，宾客至上；热情大度，清洁端庄；一视同仁，不卑不亢；耐心细致，文明礼貌；团结服从，不忘大局；优质服务，好学向上。

第四节　湖州旅游景点概况

"山从天目成群出，水傍太湖分港流，行遍江南清丽地，人生只合住湖州。"湖州市是环太湖地区唯一因湖而得名的城市，是一座具有2300多年历史的江南古城，素有"丝绸之府、鱼米之乡、文化之邦"的美誉，宋代便有"苏湖熟，天下足"之说，是湖笔文化的诞生地、丝绸文化的发源地、茶文化的发祥地之一，有"一部书画史，半部在湖州"之说。

一、湖州市 A 级旅游景区名录

序号	单位名称	质量等级	地址
1	南浔古镇	5A	湖州市南浔区南浔镇适园路 38 号
2	湖州黄金湖岸景区	4A	湖州市湖州太湖旅游度假区管委会
3	安吉竹子博览园	4A	安吉开发区（地铺镇）灵峰村
4	安吉中南百草原景区	4A	安吉开发区（地铺镇）胜利西路 92 号
5	长兴金钉子远古世界景区	4A	长兴县槐坎乡葆青山麓
6	德清下渚湖湿地景区	4A	德清县下渚湖街道下仁线下渚湖湿地风景区
7	德清莫干山景区	4A	德清县莫干山风景区 97 号
8	安吉江南天池景区	4A	安吉县天荒坪镇天荒坪电站上库区
9	中国扬子鳄村景区	4A	长兴县泗安镇管埭村

序号	单位名称	质量等级	地址
10	新四军苏浙军区旧址群景区	4A	长兴县槐坎乡温塘自然村 55-1
11	浙北大峡谷景区	4A	安吉县报福镇石岭村
12	湖州菰城景区	4A	湖州市吴兴区龙王山路仁皇山风景区南大门游客中心一楼
13	长兴仙山湖景区	4A	长兴县泗安镇仙山村
14	长兴水口茶文化景区	4A	长兴县水口乡
15	安吉浪漫山川景区	4A	安吉县山川乡
16	太湖演艺小镇（太湖图影生态湿地文化园）	4A	湖州市长兴太湖图影旅游度假区
17	南浔荻港景区	4A	湖州市南浔区和孚镇荻港村
18	吴兴移沿山生态景区	4A	湖州市吴兴区八里店镇移沿山村
19	湖州中国原乡小镇	4A	湖州市吴兴区妙西镇肇村
20	安吉天使小镇	4A	安吉县递铺街道天使大道
21	安吉余村两山景区	4A	安吉县天荒坪镇余村
22	德清庾村景区	4A	德清县莫干山镇燎原村
23	长兴城山沟景区	3A	长兴县和平镇城山村
24	德清新市古镇景区	3A	德清县新市古镇
25	安吉尚书休闲文化村	3A	安吉县孝源街道尚书干村
26	安吉高家堂景区	3A	安吉县山川乡高家堂村
27	湖州首创奥特莱斯	3A	湖州市太湖旅游度假区滨湖大道 518 号
28	安吉山水灵峰横山坞	3A	安吉灵峰度假区横山坞
29	安吉大竹海景区	3A	安吉县天荒坪镇五鹤村
30	吴兴金盖山景区	3A	湖州市杭长桥南路 122 号
31	德清五四景区	3A	德清县阜溪街道五四村
32	长兴绿野仙踪景区	3A	长兴县龙山街道川布村
33	安吉十里景溪景区	3A	安吉县报福镇景溪村
34	安吉特色畲寨景区	3A	安吉县报福镇中张村
35	湖州钱山漾景区	3A	湖州市吴兴区八里店镇路村
36	南浔湖笔小镇	3A	湖州市南浔区善琏镇
37	德清地理信息小镇	3A	德清县科源路 10 号 4 幢
38	德清后坞（村）景区	3A	德清县莫干山镇后坞村
39	德清劳岭（村）景区	3A	德清县莫干山镇劳岭村
40	德清蠡山（村）景区	3A	德清县钟管镇蠡山村
41	德清二都（村）景区	3A	德清县下渚湖街道二都村
42	长兴东方梅园景区	3A	长兴县龙山街道
43	长兴川步（村）景区	3A	长兴县龙山街道

序号	单位名称	质量等级	地址
44	长兴顾渚（村）景区	3A	长兴县水口乡顾渚村
45	长兴方一（村）景区	3A	长兴县小浦镇八都岕境内
46	长兴北汤（村）景区	3A	长兴县林城镇
47	安吉藏龙百瀑景区	3A	安吉县天荒坪镇大溪村
48	吴兴妙山（村）景区	3A	湖州市吴兴区西塞山旅游度假区内
49	湖州丝绸小镇（西山漾景区）	3A	湖州市吴兴区八里店镇西山路
50	中国台湾村·玲珑湾景区	3A	湖州市吴兴妙西镇五星村及肇村境内
51	南浔石淙（村）景区	3A	湖州市南浔区石淙镇石淙村
52	南浔息塘（村）景区	3A	湖州市南浔区南浔镇息塘村
53	乡野大里景区	3A	安吉县山川乡大里村
54	刘家塘蜗牛谷景区	3A	安吉上墅乡刘家塘村
55	安吉山水统里景区	3A	安吉报福镇统里村
56	安吉鄣吴昌硕故里景区	3A	安吉县鄣吴镇鄣吴村
57	安吉清韵汤口旅游景区	3A	安吉县报福镇汤口村
58	大冲村景区	3A	湖州市吴兴区埭溪镇大冲村
59	芳山村景区	3A	湖州市吴兴区埭溪镇芳山村
60	菰城村景区	3A	湖州市吴兴区道场乡菰城村
61	义皋古村景区	3A	湖州市吴兴区织里镇义皋村
62	红里山村景区	3A	湖州市吴兴区道场乡红里山村
63	福荫童心小镇景区	3A	湖州市南浔区千金镇商墓村
64	民当景区	3A	湖州市南浔区和孚镇民当村
65	荃步景区	3A	湖州市南浔区练市镇荃步村
66	德清上扬景区	3A	德清县下渚湖街道上杨村
67	德清仙潭景区	3A	德清县莫干山镇仙潭村
68	德清三林景区	3A	德清县禹越镇三林村
69	长兴荷博园景区	3A	长兴县吕山乡杨吴村
70	长兴新能源小镇	3A	长兴县画溪街道
71	安吉九龙峡景区	3A	安吉县天荒坪镇大溪村
72	吴兴驾云山景区	3A	湖州市吴兴区埭溪镇联山村向阳水库
73	吴兴美妆小镇	3A	湖州市吴兴区埭溪镇工业园区创业大道1号
74	太湖哈啦王国景区	3A	湖州市湖州太湖旅游度假区滨湖大道
75	港廊古村落景区	3A	湖州市南浔区旧馆镇新兴港村
76	湖州含山风景旅游区	2A	湖州市南浔区善琏镇含山风景区湖笔街158号

二、湖州旅游度假区

（一）浙江省湖州太湖旅游度假区

度假区所在地：浙江省湖州市

面积（平方公里）：5

联系方式：0572-2159555

主要特色：南太湖风光，生态农业

级　　别：国家级

（二）湖州安吉灵峰旅游度假区

度假区所在地：浙江省湖州市

面积（平方公里）：46

联系方式：0572-5339802

主要特色：休闲度假

级　　别：国家级

（三）吴兴西塞山省级旅游度假区

度假区所在地：浙江省湖州市

开业时间：2016

面积（平方公里）：48.36

联系方式：0572-2598919

主要特色：蝶恋西塞山、原乡在妙西

级　　别：省级

（四）南浔古镇省级旅游度假区

度假区所在地：浙江省湖州市

开业时间：1997

面积（平方公里）：37

联系方式：0572-3018767

主要特色：古镇商务休闲、乡村生态度假

级　　别：省级

（五）德清莫干山国际旅游度假区

度假区所在地：浙江省湖州市

开业时间：2016

面积（平方公里）：58.77

联系方式：0572-8033308

主要特色：避暑胜地、田园风光与现代风情、农业观光与生态体验、山居风情度假、康体养生

级　　别：省级

（六）浙江省长兴太湖图影旅游度假区

度假区所在地：浙江省湖州市

开业时间：2010

面积（平方公里）：23.8

联系方式：0572-6660379

主要特色：度假区立足原生态环境，以吴越文化为基础，融入湿地乐活游憩、低碳运动休闲、本土文化体验、山水康疗养生四大体验，面向长三角高端客群，是具备国际标准、国内一流、长兴特色的国际健康主题滨湖高端休闲旅游度假区。

级　　别：省级

（七）安吉山川旅游度假区

度假区所在地：浙江省湖州市

开业时间：2018

面积（平方公里）：46.72

联系方式：0572-5048701

主要特色：通过"一环、两带、五区"，统筹发挥生态资源优势，基本形成了"一心一线两区三地二十项目"支撑的旅游发展格局。

级　　别：省级

三、湖州乡村旅游集聚区

（一）吴兴滨湖（移沿山）乡村旅游集聚示范区

（1）地理范围：位于湖州市吴兴区滨湖区块，以湖州南太湖高新技术产业园区、八里店南片省级新农村建设体制创新试验区为主体，面积约28.4平方公里。该集聚区属于庄园休闲带。

（2）现有项目：以太湖南岸滨湖水乡风光、生态农业体验为特色，汇集了钱山漾遗址、移沿山生态农庄、绿叶生态园等重点区块。其中移沿山生态农庄现为国家3A级旅游景区。

（3）发展定位：溇港生态度假·创意庄园休闲。

（4）个性品牌：丝绸小镇（韩国村）。

（5）重点业态：乡村民宿、主题庄园、生态景区、文化游憩、创意农业。

（6）发展思路：

① 生态科技渗透：将绿色建筑和智慧管理渗透到旅游项目的开发建设中，强调乡村社区的生态化发展。

② 溇港民宿引导：对集聚区的溇港格局进行严格保护和修复，引导发展具有溇港水乡风情的民宿客栈和民宿社区，从建筑风貌、农事生产和日常生活等领域传承和弘扬太湖溇港文化。

③ 创意庄园先行：大力发展以庄园为载体的创意农业和创意商品，为主题庄园的发展提供政策支持和科技支撑。

④ 聚集互动发展：鼓励乡村旅游聚集发展，即利用礼仪溇港民宿和主题庄园空间上相互邻近的优势，实现区域内共享基础设施和公共服务，并形成村镇和庄园的相互促进与和谐发展。

⑤ 世界丝绸之源：深入挖掘钱山漾遗址丰富的文化旅游资源，以蚕桑古文化为核心，做好遗址的保护、利用和展示，助推丝绸历史经典产业振兴发展。

（二）湖州（妙西）茶文化乡村旅游集聚示范区

（1）地理范围：位于湖州市中心城区西南部，以妙西镇至埭溪镇的妙新线、妙峰山景区和老虎潭水库景区为主体，同时包括长兴县城山沟景区，面积约34.9平方公里。该集聚区属于生态观光带。

（2）现有项目：以城市近郊乡村田野风光、山村文化体验、生态休闲农庄和陆羽茶文化活动为特色，汇集了妙峰山茶文化景区、霞幕山、老虎潭等风景名胜。

（3）发展定位：中国式乡村度假·江南版世外桃源。

（4）个性品牌：茶圣故里（台湾村）。

（5）重点业态：乡村民宿、生态景区、文化游憩、养生养老。

（6）发展思路：

① 高举西塞山品牌：注册"西塞山"乡村度假品牌，将茶文化、宗教文化和生态文化融入到这一整体品牌之中，统一打造省级旅游度假区。

② 建设引导性项目：加大绿道、标识等旅游公共服务配套设施建设力度，并试点建设引导性乡村度假项目，形成示范效应。

③ 争取与大企业合作：积极争取大型旅游企业的旅游投资，同时加大重大旅游项目的招商力度，尤其是争取西塞山景区、吴兴园林酒店、江南隐士谷和慢生活街区等品牌项目的落地建设。

（三）南浔荻港水乡乡村旅游集聚示范区

（1）地理范围：位于南浔区，涵盖和孚、菱湖两镇，以和孚镇荻港村为核心，和新公路（和孚至菱湖段）沿线为主干道，包括荻港、新荻、竹墩、射中、下昂和新庙里等6个行政村，面积约为31.2

平方公里。该集聚区属于庄园休闲带。

（2）现有项目：以江南水乡渔文化、桑基鱼塘、水乡古村落为特色，是江南水乡文化的重要展示区，其中荻港渔庄景区最具有代表性。

（3）发展定位：荻港古村慢生活·岛基桑园新江南。

（4）个性品牌：水乡小镇。

（5）重点业态：乡村民宿、生态景区、主题庄园、文化游憩、婚庆旅游。

（6）发展思路：

① 可看性的景观营造：通过水上森林、鲜花古村和运河足迹等旅游项目开发和遗产保护工程，从景观上增强桑基鱼塘和荻港古村的可观赏性。

② 可参与的项目设计：通过丰富民间渔俗和乡土节庆活动以及桑基鱼塘博物馆建设，提升集聚区旅游项目的可参与性。

③ 慢生活的商业空间：通过传统购物、市井生活和休闲庭院的开发建设，在荻港古村营造一种慢生活的游憩商业空间。

④ 升级版的住宿群落：通过水乡"洋家乐"、桑基鱼塘民宿和荻港古村主题客栈项目的开发建设，形成富有特色的度假住宿群落。

（四）南浔浔练乡村旅游集聚示范区

（1）地理范围：位于湖州市南浔区，涵盖南浔、练市两镇，浔练公路沿线为主干道，包含辑里、施家浜、横街、神墩、沈庄漾、花林、农兴、荃步、召林等9个村，面积约23平方公里。该集聚区属于庄园休闲带。

（2）发展现状：以水乡古镇、湖丝文化、湖羊文化、农耕文化为依托，现有世友生态园、申浩科技农场、国丝文化园、青藤葡萄园等项目。

（3）发展定位：精品农业·七彩庄园。

（4）个性品牌：休闲浔练。

（5）重点业态：主题庄园、创意农业、养生养老、旅游商品。

（6）发展思路：

① 农业品牌化：依托农业庄园，优化发展环境、深化产品加工、融入地方文化，打造若干农业产品品牌。

② 农庄景区化：通过设计开发有品味的建筑景观、有趣味的游憩活动和有特色的住宿设施，实现主题庄园的景区化建设与提升。

③ 商品创意化：通过融入文化元素、拓展创意维度，开发类型丰富而卖点独特的旅游商品，促进农庄购物的升级发展。

（五）莫干山国际（洋家乐）乡村旅游集聚示范区

（1）地理范围：位于德清县西部，包括莫干山镇、筏头乡，及武康镇104国道以西范围，面积约

312平方公里。该集聚区属于山地度假带。

（2）发展现状：以"洋家乐"为主要特色，有来自20多个国家的投资商投资的"洋家乐"百余家，主要以裸心谷、后坞生活、法国山居等为代表，此外铜官庄养生居、庾村文化市集、清境文化创意园等项目也已对外开放。

（3）发展定位：原生态养生·国际化休闲。

（4）个性品牌："洋家乐"（莫干国际）。

（5）重点业态：乡村民宿、国际度假、文化游憩、婚庆旅游、运动休闲。

（6）发展思路：

① 强化旅游交通体系建设：强化德清莫干山旅游服务（集散）枢纽功能，建设筏头旅游服务（集散）中心；建设莫干山大道（303道省）、临杭大道（304省道）和改造德清大道（09省道），形成西连安吉、东接德清县城的旅游快速通道；建设并完善环莫干山风景公路和绿道系统，形成集聚区内部项目间畅通的旅游交通网络。

② 完善度假休闲旅游要素：大力发展地方性生态美食，丰富文化型休闲娱乐和特色化精品购物业态，形成高水平、协调发展的旅游六要素结构。

③ 重塑莫干山会议胜地品牌：完善会议软硬件设施和服务，重点打造"莫干山经济论坛"。

（六）长兴水口茶乡乡村旅游集聚示范区

（1）地理范围：位于长兴县北部，涵盖水口乡顾渚村、水口村、金山村等，共16.8平方公里。该集聚区属于生态观光带。

（2）现有项目：以浓厚的茶文化和优美的乡村环境为依托，集中了以毛草屋、竹楼农家乐、木家庄、绿野仙踪等为代表的农家乐300余家。

（3）发展定位：文化型乡村度假·中国式乡村生活。

（4）个性品牌：茶乡水口（上海村）。

（5）重点业态：乡村民宿、生态景区、文化游憩、养生养老、旅游商品。

（6）发展思路：

① 提升产品品位：鼓励业主在民宿设计中融入个人品味、在民宿服务中增强主客互动，加快农家乐向乡村民宿的升级步伐。

② 引入标杆项目：进一步加大"大好高"或"小精特"旅游标杆项目的招商力度，积极推进"花间堂"禅茶文化精品项目和芳草地乡村酒店旅游度假村的建设运营。

③ 完善公共服务：通过整治提升乡村环境、制定执行民宿标准和建设安全应急体系等措施，形成集聚区高效完备的旅游公共服务体系。

④ 丰富乡村文化：加快建设乡村文化设施，大力扶持各类民间协会，积极开展各类文化活动，形成丰富多彩、品味独特的乡村文化氛围。

（七）长兴泗安乡村旅游集聚示范区

（1）地理范围：位于长兴县西部，包括泗安镇仙山村、庆丰村、长丰村、二界岭村、毛家村、云峰村、罗家地村、长中村、长潮村等诸多具有乡村田园风貌的特色村，面积约85.7平方公里。该集聚区属于生态观光带。

（2）发展现状：以现代农业观光、湿地文化展示为主，现有仙山湖国家湿地公园、中国扬子鳄村、二界岭·中国普罗旺斯乡村度假地、浙大农业科技园及大地说书园、旺湖杜鹃园、薰衣草风情园、樱桃采摘园、休闲茶园、玫瑰观光园等六大农业观光园，其中仙山湖国家湿地公园、中国扬子鳄村现为国家4A级旅游景区。

（3）发展定位：湿地仙境观光·花海田园休闲。

（4）个性品牌：多彩泗安。

（5）重点业态：主题庄园、生态景区、创意农业、婚庆旅游。

（6）发展思路：

① 湿地奇观化：通过水上森林、水岸花海和水中鸟岛等项目的建设，增强仙山湖湿地景观的奇异性和仙境化。

② 产业链条化：通过特色美食、旅游商品和体验项目的主题化开发，延伸集聚区观光农园的产

业链条。

③ 园区庄园化：通过主题客房、游憩项目和文化环境的创意提升，实现观光农园向主题庄园的升级发展。

④ 乡村主题化：结合农业观光园的产业类型，对邻近的乡村聚落进行特色景观和农事活动的设计开发，打造一批主题化的村镇。

（八）安吉黄浦江源乡村旅游集聚示范区

（1）区域范围：位于安吉县西南部，包括章村、报福、杭垓三个乡镇，主要包括章村镇长潭村、郎村村，报福镇石岭村、深溪村、景溪村，杭垓镇姚村、缫舍等重点乡村旅游区块，区域面积约505.4平方公里。该集聚区属于山地度假带。

（2）发展现状：区内环境良好，群山环绕，现有龙王山景区、深溪大石浪、浙北大峡谷等景区以及漂流项目，其中浙北大峡谷景区现为国家4A级旅游景区。区内高山农家乐独具匠心、特色明显。

（3）发展定位：山地度假新天地·户外运动大本营。

（4）个性品牌：黄浦江源。

（5）重点业态：乡村民宿、生态景区、文化游憩、养生养老、运动休闲。

（6）发展思路：

① 统一塑造北天目度假品牌：整合分散的旅游项目，统一塑造"北天目度假"品牌，实现统一品牌、统一营销。

② 着力建设山地度假风情小镇：引导旅游项目在报福村的相对集聚。引入多元度假住宿设施，丰富度假生活场所，完善公共服务设施，将之打造为具有规模和集群效应的山地度假风情小镇。

③ 引导发展生态养生项目：积极导入绿色膳食、保健运动、健康体检等生态养生项目。

④ 丰富山地户外运动类型：大力发展山地探险、自然休闲、科考教育等山地户外运动项目。鼓励成立户外运动俱乐部，为户外运动提供运动装备供给和专业技术指导。组织开展相关的户外竞技比赛，积极推动户外运动产业的发展。

（九）安吉中国大竹海乡村旅游集聚示范区

（1）区域范围：位于安吉县南部，包括天荒坪、山川、上墅三个乡镇，主要包括天荒坪镇银坑村、余村村、大溪村，上墅乡董岭村、龙王村，以及山川乡全境等重点乡村旅游区块，区域面积约234.3平方公里。该集聚区属于山地度假带。

（2）发展现状：以中国大竹海生态景观、高山农家度假为特色，拥有江南天池、中国大竹海、藏龙百瀑、董岭农家等特色资源，是安吉县美丽乡村对外展示的重要窗口。

（3）发展定位：竹风情山地度假·竹文化创新摇篮。

（4）个性品牌：大竹海。

（5）重点业态：乡村民宿、生态景区、文化游憩、创意农业、婚庆旅游、旅游商品。

（6）发展思路：

① 提升产品品位：通过房前屋后竹景观的营造、室内室外竹文化的呈现、白天黑夜竹风情的演绎，整体促进农家乐向乡村民宿的升级发展。

② 搭建创新平台：积极发挥安吉县竹产业协会服务旅游的职能，将这一竹科技创新平台进一步拓展为竹文化创新中心，促进竹文化在湖州乡村旅游发展中的丰富、深化与传播。

③ 完善公共服务：通过旅游服务（集散）中心、绿道体系建设和村落风貌改造等公共服务的配套完善，进一步提升旅游服务品质和吸引力。

四、特色小镇

（一）鄣吴镇省级旅游风情小镇

鄣吴镇地处安吉县西北部，西北与安徽广德交界，是浙皖边贸重镇。境内山峰绵延，植被繁茂，森林覆盖率和植被覆盖率分别为96%和98%。镇域总面积49.5平方公里，下辖6个行政村，总人口1.15万人。

鄣吴镇是一代宗师吴昌硕故里，一座集自然环境和文化底蕴于一体的小镇，被誉为"中国最美历史文化小镇"。近年来，镇党委坚持"生态立镇、文化强镇、旅游兴镇"发展战略，全力推进文旅产业融合，连续举办"昌硕文化节""古鄣大讲堂"等各类特色旅游节庆活动，成功创建"浙江省级旅游风情小镇"。

鄣吴镇先后荣获全国环境优美镇，浙江省"人水和谐"样本美镇，省级民间艺术之乡称号。2016年荣膺"联合国教科文组织亚太地区文化遗产保护奖"。

（二）小浦旅游风情小镇

小浦旅游风情小镇位于长兴县西北部，核心面积8.4平方公里，即八都岕古银杏长廊区域，主要涵盖5个行政村：小浦村、方一村、潘礼南村、方岩村、大岕口村，其中省3A级景区村庄2个，省A级景区村庄2个。小镇自然景观和人文资源相互渗透，以银杏风情、古宅遗风、自然山水、乡村休闲等为特色，融合了名人文化、宗教文化、茶文化、京戏文化、民俗文化等多元文化，现有千亩花海、银杏古街、古银杏公园、太乙观、南俞钱宅、下南岕最美摄影点、槿树潭公园、空王教寺、六八古道、乌龙古道、太湖天泉等文旅资源。

"走遍天下景，难见银杏林。"小浦旅游风情小镇以十里古银杏长廊而为世人所知，被誉为"世界银杏之乡"。目前，区域内共有3万余株古银杏遍布岕内，其中百年以上的有3000株，三百年以上的有376株，千年以上的有5株，最大的一株被命名为"怀中抱子"，已有1500多年。

（三）莫干山镇旅游风情小镇

莫干山镇旅游风情小镇位于浙江省德清县莫干山镇东南部，国家4A级名胜风景区莫干山脚下，创建定位是"海派风情，裸心小镇"。小镇地理位置优越，位于沪、杭、宁金三角的250公里半径范围内，高速、高铁、航空等都可便捷通达。区域内气候宜人，四季常青，生态良好，资源丰富，山塘水库40座，森林覆盖率达90%以上，负氧离子含量高达8000个/立方厘米，是一个天然的大氧吧。

（四）南浔镇旅游风情小镇

2017年1月浙江省旅游局公布了首批省级旅游风情小镇创建名单，南浔镇（江南水乡旅游风情小镇）等21个小镇榜上有名。南浔江南水乡旅游风情小镇位于南浔区南浔镇，以古镇为核心，核心区域1.54平方公里，小镇北以頔塘为界，南至辑里村、屯圩村，东以沈庄漾一长三港，与江苏省比邻，西至阳安塘，总面积约7.5平方公里。

学习收获：

学了本章，我的收获是：

学习评价：

评 价 表

内容	分值	自我评价	小组评价
A级旅游景区走访	40		
旅游度假区走访	30		
特色小镇走访	30		
总评			
建议			
星级评定： ★（59分及以下）★★（60~69分）★★★（70~79分） ★★★★（80~89分）★★★★★（90分及以上）			

第二章

景点导游服务的
程序与规范

学习目标：

　　通过学习服务准备、服务过程、服务总结三个步骤，学习景点导游服务的程序与规范，并熟练掌握运用程序并解决实际问题。相对于地方导游服务和全程导游服务，景点导游服务的规范比较简单，导游人员在接待游客前要做好各项准备，在讲解时认真做好讲解服务，送团后也需及时做好总结工作。

学习任务：

　　请向游客进行自我介绍及景点概况介绍。介绍前请认真做好各类服务准备，以便及时、科学解决介绍期间游客的提问及突发的事情。

第一节　服务准备

在景点导游服务过程中，导游人员自始至终应按照中华人民共和国国家《导游服务质量》标准去接待来自全国和世界各地的朋友。服务准备是指导游人员为了接待来访的旅游者，做好景点导游讲解的工作，包括在旅游者到来前所做的各种相关准备工作，主要包括心理准备、形象准备、计划准备。

一、心理准备

在导游服务时，工作对象主要是形形色色的游客。导游员要做好艰苦复杂以及可能出现突发事件的心理准备，同时也要做好个别游客挑剔、抱怨、指责和投诉的心理准备。那就需要我们放松心情、平衡心态、调节情绪、冷静头脑，保证有一个轻松愉快的心情去带团。对导游来说，做好充分的心理准备很重要，只有准备充分了，才能解决有可能出现的各种状况。

（一）准备面临艰苦复杂的工作

导游讲解工作是一项脑力劳动。在讲解工作中，总会因为游客性别、年龄、文化的差异及环境、氛围的不同，而发生各种各样的问题与事故，而这时除了按规定的工作程序要求为游客提供服务外，还需要导游人员通过巧妙的讲解语言去化解和处理出现的问题。这样导游就会做到讲解时遇事不慌，遇到问题也能妥善迅速的处理。

导游讲解又是一项体力劳动。在旅游高峰时，导游人员起早贪黑、风雨兼程，讲解时口干舌燥、汗流浃背。

> **同步案例：旅游旺季时，导游面临艰苦复杂的工作。**
>
> 正值七一建党节时，炎热的天气、大批量的游客，使得湖州的红色旅游景点越发火爆。导游讲解一场接着一场，口干舌燥、汗流浃背。在讲解的过程中由于参观人数多，许多游客不免对导游有些抱怨，使得导游讲解的工作变得越来越艰苦复杂了。

导游讲解确实是一项艰苦复杂的工作。上面案例属于常发生的状况，讲解场次多，导游身体透支。由于旅游人数过多，场面混乱，也会引起游客抱怨。那么导游应该在讲解前就要做好面临艰苦复杂工作的心理准备，并学会如何处理这些问题。

（二）准备承受抱怨和投诉

在旅游接待过程中，有时导游人员已尽其所能向旅游者提供热情周到的讲解服务，但由于其他接待环节出现差错或非人为因素可能会造成游客在旅游过程中产生不愉快情绪，导致旅游者的抱怨和投诉，甚至还有一些旅游者会无故挑剔或提出苛刻要求。为此，导游人员还必须有足够的心理准备，冷静、沉着地面对这些情况，并以自己的工作热情感化旅游者。

> **同步案例：游客出现挑剔时，导游人员该怎么办？**
>
> 某旅游团在国庆期间去南浔游玩，由导游人员小李负责接待。团里有位游客张某，在小李讲解景点时总是打断她，一会儿说她声音太小，自己听不见，一会儿又说某些地方小李讲得不对，应该是另一回事。整个旅游过程中，小李觉得自己没面子，就不理张某。张某特别不开心，游览结束后，他投诉了小李。

游客在旅途中出现挑剔无非有两种情况：一是个别游客故意而为，二是由于对游客的服务出现问题所引起的。但从目前的情况来看，绝大多数的挑剔问题都出自于第二种情况。导游人员应该重视游客提出的挑剔问题，并且妥善地解决好这些问题。

许多优秀的导游人员都曾有这样的体会，在一个有素质和教养、有忍耐和能认真倾听游客提问的导游人员面前，挑剔会变得软弱无力，最终成为旅途中的小插曲，"唱"过也就算完事了。一旦发现游客有挑剔和责难的苗子时，导游人员首先要认真倾听他们的指责言语，必要时要做些笔记，态度上要表现出有诚意，并不断地点头表示同意游客的意见。此时，最好不要打断游客说话，尽可能地让他发泄，当游客无话可说时，而且要等到他能够接受导游人员说话时，导游人员才能心平气和地、耐心地解释那些挑剔的问题，同时也应虚心地接受"挑剔中的合理部分"，并且着手改正存在的问题和服务的缺陷。而此案例中小李却选择忽视游客张某，致使张某整个旅程很不开心，最后投诉了她。所以，就某种意义上说，游客的挑剔实质是和导游人员的耐心在进行着一场实对实的较量，谁坚持到最后，谁就会赢得这场较量。相反，导游人员如果在这场较量中不耐心、不认真倾听，还是那样程式化地讲解，那么失败也在情理之中了。

（三）准备面对各种"旅游污染"

在接待过程中，导游人员必须时刻准备面对并抵制各种"旅游污染"，即"精神污染"和"物质诱惑"。

在景区导游服务时，导游长年累月直接接触来自各方的游客，直接面对各种各样的意识形态、道德标准、价值观念和各式各样的生活方式，有时还会面临金钱、利益、地位等诱惑，导游人员如果缺乏高度的自觉性和抵抗力，往往容易受其影响。因此，身处这种氛围中的导游需要有较高的政治思想修养、坚强的意志、高度的责任感与敬业精神，始终保持清醒头脑，自觉抵制各种物质诱惑和精神污染，这样才能成为一名优秀的导游人员，成为工作和生活中的强者。

> **同步案例：讲解时，中途遭遇游客要求讲黄色笑话的无理要求。**
>
> 某旅行社组织了莫干山2日游，导游人员王某负责该旅游团，她是一名刚从学校毕业不久，从事导游工作时间还不长的女孩子，但组织能力较强、旅游知识较丰富。在讲解莫干山景点的过程中，王某不仅介绍了各个景点的独特之处、相关典故，还会给游客讲一些好玩的笑话，调节气氛。但一些游客却觉得不够刺激，其中游客A非要王某讲几个"黄色"笑话，并说所有的导游都应该会讲。王某此时感到非常为难，她认为在讲解过程中讲"黄色"笑话是不妥当的，就婉言拒绝了游客A，并提议让所有游客参与做一个互动游戏，游客A拒绝做游戏并指责导游人员不开放，不能满足游客需要，遂产生怨气，甚至扬言说要投诉王某。如遇上这种情况，导游人员应如何处理？

《导游人员管理条例》第十二条第二款规定：导游人员进行导游活动时，应当向旅游者讲解旅游地点的人文和自然情况，介绍风土人情和习俗。但是，不得迎合个别旅游者的低级趣味。在讲解、介绍中掺杂庸俗下流的内容。导游人员拒绝讲"黄色"笑话，符合导游人员的职业道德，不属于服务不周，旅游行政管理部门对此类投诉是不予支持的。

二、形象准备

旅游行业提倡从业者要具有端庄大方的仪表和整洁美观的仪容，要求景点导游人员通过不断学习，加强文化修养和道德修养，培养高尚的审美观，在实践中提高自身素质，在岗位上展示自己良好的精神风貌。这就需要我们在仪容、仪表、仪态等方面达到一定的要求。

（一）仪容

仪容主要是指导游人员的容貌，包括头发、面部等。导游讲解时的仪容要求容貌修饰上要得体，要与所在工作岗位、身份、年龄、性别相称，不能引起游客的反感。容貌反映了一个人的精神面貌，对于景点导游人员来说，容貌端庄是其从业的基本要求。因此，应该适度注重自己的容貌修饰，以给游客留下较好的印象。仪容是可以修饰、完善和自我塑造的，好的仪容可以产生魅力。仪容美是内在美、自然美、修饰美这三个方面的统一。仪容礼仪讲究三个规则：整洁、自然、互动。它主要包括以下几个方面。

（1）头发。头是人体的制高点，正常情况下，人们观察一个人往往是从头开始的。头发修饰其目的在于：使自己更加美观大方并且适合自身的特点，也显示出对他人的尊重。在发型设计上力求流畅、简洁、大方，具有良好的个性。具体来说，景点导游人员的头发要经常梳理，保持清洁和整齐，发型要朴素大方，同自己的职业、脸型、身材、气质相协调。女导游头发若太长，应盘起，不能随意散开，以体现出庄重、干练、成熟、时尚的职业形象。男导游的发型应给人以得体、整齐的感觉，要勤理，长度适中，适合自己的身份。要求前发不盖额、侧发不掩耳、后发不触领。总之，头发要清洁、整齐、柔软、光亮，要根据自己的脸型、体型、年龄、发质、气质选择与导游职业和自身个性相配的发型，以增加人体的整体美。

（2）面部。化妆是一种通过对美容用品的使用来修饰自己的仪容、美化自我形象的行为。在景点讲解工作中化妆的主要功能为两个：一是塑造形象。要求工作淡妆上岗，以提升形象。二是体现尊重。化妆是一种自尊自爱，既是导游对自己的一种尊重，同时也是对游客的一种尊重。牙齿要保持洁净，要坚持早晚刷牙，饭后漱口，工作前，最好不要吃葱、姜、蒜、韭菜等有异味的食物，必要时可以嚼茶叶或口香糖来清除口腔异味。在工作前不要喝酒，以免满脸通红、酒气熏人。

（3）手部。一位法国美容专家曾说过："手是女人的身份证明。"也有人形容"手是女人第二张脸"。这些说法都说明了手对人的形象的重要作用。

在导游服务中，手占有重要的位置。接待客人时，通常以握手的礼节来表示对客人的欢迎；伸出手递送名片等，客人总是先接触到我们的手，形成第一印象；讲解时的指示动作也是由手来完成。景点讲解时，需要肢体语言的辅助，所以手就显得尤为重要了。手要清洗干净，指甲要经常修剪，避免指甲缝内有污垢；指甲长度要适当，不可留长指甲，也不可涂有色的指甲油。

（二）仪表

仪表是指一个人的外表，仪表的重点在于着装。服饰，一方面是一个国家、地区和民族的文化、风俗和生活习惯的反映，另一方面也展示了一个人的气质、爱好、文化修养和精神面貌。在景点讲解时，导游人员也是游客的审美对象，其服饰也是游客审美的一部分。莎士比亚曾指出："一个人的穿着打扮，就是他的教养、品味、地位的最真实写照。"为此，导游人员的衣着要整洁、大方、得体，要同其从事的职业相宜，和自己的年龄和身份相匹配。得体的穿着，不仅可以使自己显得更加美丽，还可以体现出一个现代文明人良好的修养和独到的品味。这里以政务团接待的正装为例加以说明。

（1）工作服。工作服是标志着一个人从事何种职业的服装，导游应穿有别于他人的醒目的工作服，这不但易于让旅游者辨认，而且也会使得自己产生一种职业的自豪感和责任感。

规范穿着工作服的要求：整齐、清洁、挺括、大方。首先，服装必须合身，袖长至手腕，裤长至脚面，裙长过膝盖，尤其是内衣不能外露；衬衫的领围以插入一指大小为宜，裤裙的腰围以插入五指为宜。不挽袖，不卷裤，不漏扣，不掉扣；领带、领结、飘带与衬衫领口的吻合要紧凑且不系歪；其次应保持清洁、挺括，做到服装无污垢、无油渍、无异味，领口与袖口处尤其要保持干净。衣裤不起皱，穿前要烫平，穿后要挂好，做到上衣平整，裤线笔挺。

（2）鞋袜。鞋袜是服装的一个重要组成部分，在颜色上要与制服相协调。保持皮鞋的洁净、光亮，一般黑色为主。女导游的皮鞋为短粗跟皮鞋，切勿穿有亮片、鱼嘴、坡跟的高跟鞋。

（三）仪态

仪态即人的举止和姿态，是风度、气质的表现，从细微处显露人们的教养和品味。因此，在服务过程中，导游在讲解时也必须做到彬彬有礼、举止大方，遵循各种进退礼节，避免各种不礼貌、不文明行为习惯。

（1）站姿自信。站姿显示了导游的风度。一般来说，导游服务时，身体要端正、双肩平，将身体重心放在双脚。双臂自然下垂；或双手交叉置于身前，以示谦恭、彬彬有礼；或双手交叉放于身后，传达一种自信和轻松。双腿要基本并拢，双脚呈小八字。男导游也可双脚与肩同宽，女导游也可呈丁字步。

如果是在旅游车内服务，导游可微靠靠背、手扶护栏，以保持身体的平衡，但要注意保持上身正直、精神饱满，不可心不在焉，弯腰驼背。实地服务时，一般不宜边走边讲，如讲解时应停止行走，面对游客，上身平稳。切记不可摇摇晃晃、焦躁不安、直立不动或把手插在裤兜里，也应避免双手交叉于腰间或双臂抱于胸前。

同步训练：站姿训练

（1）顶书训练。把书本放在头顶中心，为使书不掉下来，头、躯体自然会保持平衡，这种训练方法可以纠正低头、仰脸、头歪、头晃及左顾右盼的毛病。

（2）靠墙训练。后脑、双肩、臀、小腿、脚跟紧靠墙面，并由下往上逐步确认姿势要领。

（3）背靠背训练。两人一组，背靠背站立，两人的头部、肩部、臀部、小腿、腿跟紧靠，并在两人的肩部、小腿部相靠处各放一张卡片，不能让其滑动或掉下。这种训练方法可使学生的后脑、肩部、臀部、小腿、脚跟保持在一个水平面上，使之有一个比较完美的后身。

（4）对镜训练。面对镜面，检查自己的站姿及整体形象，看是否歪头、斜肩、含胸、驼背、弯腿等，发现问题及时调整。

（2）坐姿端庄。俗话说"坐如钟"。这是形容人们的坐姿像钟一样沉稳、端庄。优雅的坐姿传递着自信、友好、热情的信息，同时也显示出高雅庄重的良好风范。坐姿要领是上身挺直，一般坐满椅面的三分之二。通常可以把手放在两条大腿上，也可以双手叠放或相握后放在大腿上。双脚接触地面（翘腿时单脚接触地面），双腿适度并紧。入座时还应讲究"左入左出"。

关于腿的摆放：不管是从尊重游客还是从坐得优雅舒适的角度来讲，腿的摆放都要多加注意。有以下几种方式：

① "正襟危坐"式。适用于最正规的场合。要求上身与大腿、大腿与小腿、小腿与地面都应当形成直角，小腿垂直于地面。双膝、双脚包括两脚的跟部，都要完全并拢。

② 双腿叠放式。适合女导游穿短裙时采用。要求将双腿一上一下交叠在一起，交叠后的两腿间没有任何缝隙，犹如一条直线。双脚斜放在左右一侧。斜放后的脚跟地面呈四十五度夹角，叠放在上的脚尖垂向地面。

③ 双腿斜放式。它适合女导游在穿短裙就坐时所用。要求双脚首先并拢，然后双脚向左或向右侧斜放，力求使斜放后的腿部与地面呈四十五度夹角。

④ 前伸后屈式。这是适用女导游的一种坐姿。需要大腿并紧后，向前伸出一条腿，并将另一条腿屈后，两脚脚掌着地，双脚前后要保持在一条直线上。

（3）走姿稳健。走姿是指一个人在行走过程中的姿势，是展示人的动态美的延续动作，是节奏美的体现。协调和韵律感是步态的最基本要求。良好的步态应该是自如、平稳、轻盈、矫健、敏捷，给人动态之美，表现朝气、蓬勃、积极向上的精神状态。行走时，双肩平衡以防止左右摇晃；双臂则应自然放松，前后自然摆动，摆幅以三十度左右角为准，走在一定的韵律中，脚步要从容轻快、干净利落，目光要平稳，用眼睛的余光观察游客是否跟上。

（4）蹲姿得体。蹲姿是人在处于静态时的一种特殊体位。蹲姿要领是：下蹲之时，左脚在前，右脚稍后。左脚应完全着地，小腿基本上垂直于地面；右脚则应脚掌着地，脚跟提起。此刻右膝须低于左膝。需要注意的是，女导游应靠紧两腿，男导游则可适度地将其分开。

（5）手势优雅。手势是一种极其复杂的符号，是运用手的动作变化来表达一种无声的语言。在服务中的请示动作要求五指微微并拢，右臂微微弯曲，手指向指定的方向或所讲的物体。

同步训练："请"的综合练习。

（1）"请"的姿势练习。

五指轻并拢、身体轻弯腰、手臂有夹角、方向需正确。

（2）"请"与言行表情配合。

与微笑、眼神、礼貌用语、耳朵的配合。

（3）综合练习。

自编口令：1、2、3、4。

要求：1——眼神的带动，与客人目光交流；2、3——请的手势＋礼貌用语；4——归位（保持站姿、微笑等）。

三、计划准备

景区导游的接待工作具有及时性的特点，不可能像全陪、地陪那样为每一个旅游团队作出详细的书面计划，但仍要尽可能地制定相应的简单书面或非书面的计划，对事先预定的旅游团队也可提前制定详细的接待计划，这样导游人员才能做到心中有数，同时，也可使游客感到景点工作的正规及专业化。

接到接待通知，导游人员要及时了解和分析情况，并做好接待计划。通常需要了解的信息有：

（1）联络人的姓名和联系方式。如果是旅游团队，还需掌握旅行社的名称、团队编号等。

（2）游客的人数、性别、年龄、职业、民族等，有无需要特殊照顾的游客。

（3）客源地概况，基本的旅游动机。

（4）游客有无特殊要求和注意事项。

（5）收费问题，有无可减免对象。

（6）游客的其他行程安排等。

四、物质准备

景点导游人员应事先准备好需要发放的相关资料，如导游图、景区介绍。携带导游讲解的工具，如导游证、胸卡、接待团队时所需的票证等。

第二节　服务过程

一、欢迎

景点讲解的开场白在整个景点游览过程中起着至关重要的作用，是给游客留下第一印象的好机会，导游人员应当重视。成功的开场白能够吸引游客的注意力，满足他们的好奇心，对导游和景点留下深刻的印象。

（一）景点导游人员所致欢迎词的内容格式

（1）问候语：各位来宾，大家好！

（2）欢迎语：代表旅游景点及导游人员欢迎游客的光临；

（3）介绍语：介绍自己的姓名及所属单位；

（4）希望语：表示提供服务的诚挚愿望；

（5）祝愿语：预祝旅途愉快顺利。

（二）欢迎词的表达原则

其一，简明扼要；其二，因人、因时、因地致欢迎词；其三，语言热情、表达感情真挚。

表达方式也有很多，如介绍性质的开头；以歌曲的形式开头；以朗诵的形式开头；以猜谜的形式开头；以讲故事的形式开头等。以下列举了几种常见的景点讲解的开场白类型。

（1）带有介绍性质的开场白。这是一种常见的开头方式，也叫开门见山式，具有规范化和全面化的特点，通过介绍使游客较快地了解旅游景点的概况。这类开场白较为普遍，适用性强，但缺乏特色，往往不能在较短的时间内吸引游客。

同步案例：大唐贡茶院开场白

各位朋友：大家好！欢迎来到大唐贡茶院。今天我们参观的线路为：大唐贡茶院导览图→陆羽阁→茶艺表演→西廊→农家乐品茶→吉祥寺→东廊→观看茶文化小电影→紫砂壶制作。预祝我们愉快地度过这美好的一天！

（2）针对性较强的开场白。即针对游客来自不同的地域、民族、职业年龄等方面进行的开场白。这类开场白注重寻找所接待的旅游团队的最大共性，如针对教师、医生、律师等不同职业，老人、儿童等不同年龄的共性撰写导游词，在最短的时间内使游客与导游产生心理共鸣。

同步案例：接待台湾游客时的开场白

"台湾著名诗人余光中先生有一首小诗：'小时候，乡愁是一枚小小的邮票，我在这头，母亲在那头。长大后，乡愁是一张窄窄的船票，我在这头，新娘在那头。后来啊，乡愁是一方矮矮的坟墓，我在外头，母亲在里头。而现在，乡愁是一湾浅浅的海峡，我在这头，大陆在那头。这首诗的名字叫《乡愁》，我把它送给今天从海的那边远道而来的各位朋友，欢迎各位回故乡来看看……"

（3）猜谜式的开场白。猜谜式的开场白能够活跃团队气氛，激发游客的参与热情，拉近游客与导游的距离。采用猜谜式的开场白须注意两个方面：一是猜谜的内容要紧紧扣住即将参观的旅游景点；二是不要太难，否则会影响游客的热情。

同步案例：中国湖笔博物馆欢迎词

尊敬的各位游客：大家好！"是谁写下华夏世代春秋，是谁画出神州万里锦绣？蒙恬将军的智慧，湖州儿女的巧手。"这是谁呢？是谁拥有这样的魅力？带着这样的疑问，让我们一起走进中国湖笔博物馆寻找答案吧。

（4）讲故事的开场白。一般而言，故事能吸引游客的注意力，激发游客的感情，使游客潜移默化地受到故事中人物的启发和激励。导游用讲故事作为开头，能激起游客的兴趣、增强艺术效果。所讲的故事可以是景点的来历，也可以是美丽的传说，但要和即将参观的景点紧密联系，不能生搬硬套，也不能牵强附会。

各位游客，在游览骆驼桥之前，我先给大家讲个小故事。在很久以前，这儿的河比现在宽得多，河上却没有一座桥。两岸的行人全靠几条渡船。摆一次渡要花上很多时间，逢到刮风下雨，还十分危险。有一个摆渡的小伙子，姓骆，从小没有父母，大家都叫他"小骆子"。他每天都在河上摆渡，目睹了行人的不便，就决心在河上修一座桥。可他一个穷摆渡的哪来这么多钱呢？于是他想到了募捐。可募捐也不那么容易，穷人没钱，富人有钱却不肯出，还十分恶毒地嘲笑他，说他是骗钱的，还叫仆人把他赶走。小骆子暗下决心，一定要靠自己。从此他省吃俭用，把摆渡多下来的钱装在了一只木箱子里，准备日后修桥。春去秋来，年复一年，小骆子从青年变成了老年，长年辛劳，使他的背也驼了，大家都改称他为"骆驼老汉"。一天骆驼老汉病倒在床，再也爬不起来了。临死前，他把几个摆渡的伙伴叫到床前说："这河上没有一座桥，不方便，我把平时积攒下的钱放到了这个木箱里，我死后，你们把钱拿出来，若能修桥我也瞑目了。"骆驼老汉死后，大家把木箱打开，果然有满满一箱铜钱。可是一核算，离造桥还差一大半呢！大家十分着急，这个消息传遍了湖州城，百姓们十分感动。为了实现骆驼老汉的夙愿，大家你十文，我三十，几天中就把修桥的钱凑齐了。桥终于修成了，为了纪念这位修桥辛苦一辈子的骆驼老汉，百姓们把这座桥取名为骆驼桥。

（5）调侃式的开场白。调侃式欢迎词风趣幽默，亦庄亦谐，玩笑不伤大雅，自嘲不失小节，言者妙语连珠，听者心领神会。这种形式的欢迎词，可以使旅游生活气氛活跃融洽，使游客感到轻松愉悦，情绪高昂，能够有效地消除游客的陌生感及紧张感，但不适用于身份较高、自持骄矜的游客。

（6）抒情式的开场白。抒情式欢迎词语言凝练、感情饱满，既有哲理的启示，又有激情的感染，引用名言警句自如，使用修辞方法得当。这种欢迎词能够启发游客的兴趣，烘托现场的气氛，使游客尽快产生游览的欲望与冲动。这种方式不适用于文化水平较低的游客。

二、核对、商定行程

商定游览行程事宜主要发生在较大的游览景区，而在一般的旅游点如博物馆等，除了旅行社组织的团队和某些特殊团队之外，其他游客一般愿意听从导游推荐的游览行程安排。商定游览行程不仅表明导游人员对游客的尊重和欢迎，而且还可以从商议安排过程中了解游客的主要兴趣，以使游览计划安排更符合游客的需要，这是保证导游工作顺利进行的重要一环。不同的游客对同一个景点所感兴趣的内容是不同的。因此，了解游客的需求是非常必要的。

导游人员在与游客商议安排游览行程和线路时，应注意以下几个问题：

（一）商议的时间

与游客商议的时间愈早愈好。愈早了解游客的要求，愈能尽早有的放矢地安排好游览的程序线路与节目，调整导游人员的讲解内容。所以，游客一旦到达，导游人员就应安排时间与游客商议。若有可能，在游客到达前通过电话等通讯工具谈妥更好。

（三）商议的对象

（1）接待散客时，原则上应与所有游客商议。

（2）对一般的参观团，与团长或领队商谈就可以了；若领队希望团内某些人士参加，也可以考虑并表示欢迎。

（3）对较正式的代表团，若负责人说话有权威性，那么主要与代表团选定的负责人商议即可。

（4）对于学术团、专业团，由于这样的团队学者较多，个人意见也很重要，因此，若可能，应与全体团员共同商议。

（5）对于旅行社组织的旅游团，由于有地陪引领，因此主要与地陪、全陪商议，必要时可以邀请领队参与。

（6）对于贵宾团，他们的行程应早已定好。在商定行程时，导游人员往往不参加，只须听从本单位领导的安排、指示就可以了。

（四）商议行程、线路时应掌握的原则

（1）尽量使景点已有的安排不作太大的变动。

（2）尽力满足游客的合理而可能的要求，特别是重点游客的个别要求，尽量照顾一般游客的特殊要求。

（3）当出现异议时，本着少数服从多数的原则进行。导游人员不要介入旅游团的内部矛盾，不能将团队分裂或分组。

（4）对变动内容确有困难，不能满足游客要求时，导游人员要耐心解释。婉言拒绝要留有余地，要让游客感到，自己的要求虽然没有得到满足，但导游人员确已尽最大努力了。

（5）对记者、作家的要求应尽可能满足，满足一位记者要求，便是满足成千上万的读者要求。

（6）对旅行代理商和旅游界知名人士，要努力满足他们的要求，因为接待好他们可能会带来更多的客源。

（四）商议的方法

在一般情况下，应尽力引导游客按景点原有的方案进行游览。在商谈的时候，可以先请游客提要求。导游人员发现和已有的安排差不多时，便可顺水推舟表示按大家的要求安排。若意见有一定差距时，导游人员要学会引导，通过讲解的艺术技巧，把游客的思路引到既定的安排上来。

三、导游讲解

景点导游讲解是导游工作的核心内容。在景点内带领旅游团游览参观时，导游人员先应对参观旅

游点的简况向游客作介绍。并根据旅游者的具体情况和本景点的特点，选取相关的导游讲解内容和对应的导游讲解服务。

（一）讲解内容的选取原则

一般来说，导游讲解内容的选取原则有以下八个方面：

（1）有关景点内容的讲解，应符合景点的总体要求。

（2）应按照科学性和真实性的原则对导游讲解内容做适当的取舍。

（3）讲述的民间传说应有故事来源的历史传承，不得为了景点的经营目的而随意编造。

（4）有关景点的导游讲解内容应力避同音异义词语造成的歧义。

（5）如果需要在讲解中使用文言文，应以大众化语言给以补充解释。

（6）如果讲解内容涉及某些历史人物或事件，应充分尊重历史的原貌；如遇尚存争议的科学原理或人物、事件，则宜选用中性词语给予表达。

（7）讲解内容如引用他人此前研究成果，应在解说中适度予以说明，以利于旅游者今后的使用和知识产权的保护。

（8）讲解时应结合有关景物宣传环境、生态系统或文物保护知识等。

（二）其他服务的导游讲解注意事项

1. 观看景区演出的导游讲解服务

如果游程中原已包含在景区内观看节目演出，导游人员的讲解服务应包括：

（1）如实向旅游者介绍本景点演出的节目内容与特色。

（2）按时组织旅游者入场，倡导文明观看节目。

（3）在旅游者观看节目过程中，导游人员应自始至终坚守岗位。

（4）如个别旅游者因特殊原因需要中途退场，导游人员应设法给予妥善安排。

（5）不强迫或变相强迫旅游者增加需要另行付费的演出项目。

2. 旅游者在景点购物时的导游讲解服务

旅游者在景点内的购物场所购物时，导游人员应做到：

（1）如实向旅游者介绍本地区、本景点的商品内容与特色。

（2）如实向旅游者介绍本景点合法经营的购物场所。

（3）不强迫或变相强迫旅游者购物。

3. 乘车（乘船）游览的导游讲解服务

如果在游程中游客请求导游人员陪同他们乘车或乘船游览，导游人员应协助游客联系有关车辆或船只。当旅游团乘车（船）在景点中游览时，导游人员应做到：

（1）协助司机（或船员）安排旅游者入座。

（2）在旅游者上车（船）、乘车（船）、下车（船）时，提醒他们有关安全事项和注意清点自己的行李物品。

（3）注意保持讲解内容与行车（行船）节奏的一致，讲解声音应设法让更多的旅游者听到。

（4）努力做好与司机在行车安全（或行船安全）方面的配合。

四、欢送

序曲应引人入胜，乐章应优美动听，尾声则铿锵有力，耐人寻味。即将到达景区出口时，导游要向全体游客致欢送词。好的欢送语往往能够起到画龙点睛的效果，给游客留下无限的回味余地。

欢送词的表达要言简意赅，一锤定音。注意时间的把握，话音落地之际应是到达出口之时。征求意见语应做到因时因地，可在讲解时、游客休息时询问，也可在讲解结束时询问，但它是必要的。这样做，一方面尊重了游客，另一方面对改进服务中存在的不足之处，进一步提高服务质量，以便今后更好地为游客服务有着重要的意义。

（一）景点导游人员所致欢送词的内容格式

（1）感谢语：对全体游客的合作表示谢意；

（2）惜别语：表达友谊和惜别之情；

（3）征求意见语：向游客诚恳地征询意见和建议；

（4）致歉语：对工作不周之处请求谅解并致歉；

（5）祝愿语：期待重逢，表达美好祝愿。

（二）景点导游人员所致欢送词的类型

欢送词的表达原则与欢迎词相似。而与欢迎词相比，欢送词更加的简洁、直接，更加倾向于强调景点的介绍。以下例举几种常见的景点讲解的结束语类型。

（1）总结式结束语。采用这类结束语时，导游应鼓励游客与自己一起参与回顾，总结景点特点，突出强调游览内容，回答游客疑问，以加深游客对景点的印象；还可追问游客的感受，达到意味深长的效果。

同步案例：飞英塔结束语

飞英塔已经游览完了，各位朋友发现飞英塔与别塔的不同之处了吗？（留下时间给游客自由回答，让游客畅所欲言）大家说得很对，看来都不枉此行了，因为你们都已经找到了答案。这座塔是湖州三绝之一的塔里塔，它以独一无二的建筑结构、精湛的雕刻艺术和意蕴丰富的佛教文化，被誉为中国古塔的一朵奇葩。

（2）表达祝愿和希望的结束语。良好的祝愿和希望是所有游客都乐意接受的，把良好的祝愿和希

望作为欢送词，是中华民族乃至全人类在分别时的传统习俗，也是导游向游客表达自己心意的机会，有利于交流感情、增加友谊，可给游客留下美好的印象。

同步案例：太湖的结束语

"太湖美，太湖美，美就美在太湖水⋯⋯"这是一首脍炙人口的歌唱太湖美的歌。各位朋友，当我们即将结束太湖之行时，您是否也有同样的感受呢？但愿后会有期，我们再次相聚，愿太湖的山水永远留在您美好的记忆中。

（3）表达诚恳谦虚态度的结束语。诚恳谦虚是中华民族的一种美德，也是一名优秀导游人员应该具备的品质，在全心全意为游客服务的最后一刻，向游客表示自己诚恳谦虚的态度，是导游高素质的体现，也是具有较高职业道德的反映。

同步案例：法华寺的结束语

女士们，先生们，今天我们参观法华寺就到这里结束了。法华寺以其宗教地位及悠久的历史使广大佛门弟子心驰神往、虔诚参拜；同时又以其浓厚而神秘的宗教色彩、丰富而珍贵的艺术收藏吸引着国内外的游客来此游览观光。各位就是我有幸接待的贵宾，诚恳希望大家对我的讲解提出宝贵意见，欢迎大家再次光临。

第三节　服务总结

> 送走游客，并不意味着导游工作结束，还要做好总结工作。总结工作十分重要，不仅是提高导游服务效率和导游服务质量的必要手段，而且还可以帮助导游人员提高写作水平，填补导游人员只动口、不动手的缺憾。

一、处理遗留问题

导游服务结束后，导游应按照有关规定妥善、认真地处理该团队的遗留问题。可能发生的主要遗留问题有游客遗忘物品、伤病游客滞留、游客委托购买、游客转交物品、游客投诉等。

同步案例：游客要求为其转递物品的处理

团队中吴先生在景区游玩期间，委托景区导游人员办理资料转交。

此时，导游人员要问清是何物，若是应税物品，应促其纳税；若是贵重物品，一般要婉拒；无法推脱时，应请游客书写委托书，注明物品名称和数量并当面点清，签字并留下详细通讯地址；收件人收到物品后要写收条并签字盖章；导游要将委托书和收条一并交给景区保管。游客要求转交的物品中若有食物，应婉拒，请其自行处理。

二、写好接待总结

景点导游人员完成接待服务后，要认真、按时写好接待总结，实事求是地汇报接待情况。接待总结内容包括：

（1）接待游客的人数、抵离时间。若是旅游团队，还需记录团队的名称及旅行社的名称。

（2）游客成员的基本情况、背景及特点。

（3）重点游客的反映，尽量引用原文，并注明游客的姓名和身份。

（4）游客对景点景观及建设情况的感受和建议。

（5）对接待工作的反映。

（6）尚需办理的事情。

（7）自己的体会及对今后工作的建议。

（8）若发生重大问题，需另附专题报告。

三、查漏补缺

景点导游人员在总结工作中，应及时找出工作中的不足或存在的问题。如导游人员不清楚的知识、回答不准确的地方甚至有些回答不出的问题。根据这些问题进行有针对性的补课，请教有经验的同行，以提高今后的导游水平，努力使自己真正成为一个学者型的导游人员。

四、总结提高

在景点导游服务中，游客提出的意见和建议涉及导游人员的，导游人员应认真检查，吸取教训，不断改进，以提高自己的导游水平和服务质量；涉及其他接待部门的应及时反馈到所在单位，以便改进工作。

学习收获:

不良走姿细节	正确要领	改正步骤
含胸驼背		
垂头走路		
摆幅过大		
拖泥带水		
八字脚		
学了这个项目，我的收获是:		

学习评价:

评 价 表

内容	分值	自我评价	小组评价
仪容仪表	20		
开场白	20		
结束语	20		
讲解内容	20		
导游规范	20		
总评			
建议			
星级评定: ★（59分及以下）★★（60~69分）★★★（70~79分） ★★★★（80~89分）★★★★★（90分及以上）			

第三章

景点导游服务
的语言技能

学习目标：

　　导游服务效果的好坏在相当大的程度上取决于景点导游人员掌握和运用语言的能力。通过学习口头语言表达、体态语言表达及导游语言的运用原则的语言技能，学会在根据服务的对象、地点、环境等具体情况，发挥不同的语言技能，从而使游客感到旅游活动妙趣横生，留下经久难忘的深刻印象。

学习任务：

　　学会运用导游语言技能，会根据不同的情景，用生动的语言、适当的节奏，并运用恰当的面部表情和动作向游客介绍景点，从而给游客服务热情、诚恳、耐心周到的感觉。

第一节　口头语言表达

> "祖国山河美不美，全凭导游一张嘴。"从讲解的性质看，导游语言是一种艺术语言，讲究音调的高低强弱，语气的起承转合、自然流畅以及节奏的抑扬顿挫。为了充分发挥语言艺术的作用，要求导游努力地把语言的音、调和节奏运用得恰到好处，根据讲解对象的具体情况灵活运用，以达到导游讲解的动听、感人。

（一）音量控制

音量是指一个人讲话时声音的强弱程度。导游在进行导游讲解时要注意控制自己的音量，力求做到音量大小适度。一般来说，导游音量的大小应以每位游客都能听清为准。在游览过程中，音量大小往往受到游客人数、讲解内容和景区环境的影响，导游应根据具体情况适当进行调节。当景区游客人数较多时，导游应适当调高音量，反之则应调低音量；在室外嘈杂的环境中讲解，导游的音量应适当放大，而在室内安静的环境中则应适当放小；对于导游讲解中的一些重要内容、关键性词语或需特别强调的信息，导游要加大音量，以提醒游客注意，加深游客印象。

（二）语调变化

语调是指一个人讲话的腔调，即讲话时语音的高低起伏和升降变化。每一句话都有一定的语调，不同的语调表达不同的语气和感情。语调平平的讲解，听起来缺乏生气，味同嚼蜡。因此，导游讲解时要讲究语调变化，使自己的讲解语调听起来较悦耳动听、亲切自然，从而打动游客的心弦。讲解经常使用的语调有升调、降调和直调三种。从语气上来说，通常陈述句多用降调，如"各位朋友远道而来，一定很累吧！"；疑问句多用升调，如"这里的景色怎么样？"；从感情上来说，一般表示兴奋、惊讶的句子多用升调，如"你看，这儿的景色多美啊！"；表示肯定、伤感的句子多用降调，如"分别在即，我有点伤感。"；表示庄严、平静的句子则多用直调，如"今天天气晴朗。"

（三）语速快慢

语速是指一个人讲话速度的快慢程度。讲解如果像背书似的，毫无感情色彩地用同一种语速一直往下讲，则使人感到乏味、枯燥，令人游兴大减。因此，讲解应善于根据讲解内容、游客理解能力及反应等来控制讲解速度。一般情况下，讲解较为理想语速为每分钟200字左右，当然也可根据具体的讲解对象和内容进行适当调整。例如，对中青年游客，导游讲解的速度可稍微快些；而对老年游客则要适当放慢，以他们听得清为准。对讲解中涉及的重要或需特别强调的内容，语速可适当放慢一些，以加深游客印象；而对那些不太重要或众所周知的事情，则要适当加快讲解速度，以免浪费时间，令游客不快。

（四）停顿处理

停顿是说话时语音的暂时间歇。有时为了营造气氛的需要，或者为了更准确地表达思想感情，导游讲解需要适时加以停顿。如果导游一直滔滔不绝、口若悬河地说个不停，不但无法集中游客的注意力，而且会使讲解变成催眠曲；反之，如果导游说话吞吞吐吐，或停顿在不该停顿的地方，不仅会涣散游客的注意力，而且容易使人产生语言上的歧义。因此，这里所说的停顿，是指语句之间、层次之间、段落之间的间歇。据专家统计，最容易使听众听懂的谈话，其停顿时间的总量约占全部谈话时间的35%至40%。导游讲解时停顿恰当，可以使语言变得流畅而有节奏，收到"大珠小珠落玉盘"的效果。

第二节　体态语言表达

> 体态语言是一种以人的表情、动作、姿态等来传递信息、表达感情的语言。讲解并不是单靠动口就可以圆满完成的，必须用体态语言来辅助讲解。如果把眼神、站姿、手势、表情等处理得恰到好处，就会增加讲解的效果和魅力。凡是不注意游客视觉反应，完全凭自己的口才来进行导游讲解，是不会成功的。导游人员在进行导游讲解时，要学会成功地运用体态语言，从而给游客热情、诚恳、耐心周到的感觉。

（一）微笑

岗位上保持微笑，说明热爱本职工作，乐于恪尽职守。微笑时要做到三结合：与眼睛结合、与语言结合和与身体结合。可对着镜子练习。

1. 与眼睛结合

当你在微笑的时候，你的眼睛也要"微笑"，否则给人的感觉是"皮笑肉不笑"。眼睛会说话，也会笑。眼睛的笑容有两种：一种是"眼形笑"，另一种是"眼神笑"。

2. 与语言结合

微笑着说"早上好""您好""欢迎光临"等礼貌用语，不要光笑不说，或光说不笑。

3. 与身体结合

对导游人员而言，微笑是一种最有效的润滑剂。导游人员的微笑可以感染游客，可以创造一种和谐融洽的气氛，让游客倍感愉快和温暖。在导游过程中，导游要保持微笑的状态，让游客感受到导游对本次带团工作的期待，以及圆满完成工作的信心。

　　导游人员要经常面带微笑，这是景点讲解的一个重要组成部分，也是衡量景点导游服务的一个重要指标。导游人员如果面部表情冷淡、麻木，即使讲解内容丰富，服务技能娴熟，也很难得到游客的高度评价。亲切的微笑会使人感到和蔼可亲、平易近人。微笑不仅是对客人服务的需要，也是一种广交朋友的手段。有分寸的微笑，配上优雅的举止，对于表达自己的主张、争取与他人合作，会起到不可估量的积极作用。因此，导游人员应学会微笑，始终以微笑来面对游客，为游客提供微笑的景点导游服务。

（二）目光

　　目光接触是人际交往间最能传神的非语言交往。

　　首先，目光接触需要遵循三角定律法，即根据交流对象与你关系的亲疏、距离的远近来选择目光停留或注视的区域。有一个口诀是："生客看大三角、熟客看倒三角、不生不熟看小三角。"与不熟悉的游客打招呼的眼睛要看他面部的大三角，即以肩为底线、头顶为顶点的大三角形。与较熟悉的游客打招呼时，眼睛要看着他面部的倒三角形，即眼睛为底线、鼻子为顶点的倒三角形。小三角为嘴巴为底线，两眼间为顶点。

　　其次，还需要遵循时间定律，即每次与游客目光接触的时间不要超过三秒钟。交流过程中用百分之六十到百分之七十的时间与对方进行目光交流是最适宜的。少于百分之六十，则说明对对方的话题、谈话内容不感兴趣；多于百分之七十，则表示对对方本人的兴趣要多于他所说的话。

（三）手势

　　运用手势语不仅能强调或解释导游讲解的内容，而且能生动地表达口头语言所无法表达的内容，使讲解更加生动形象，让游客对讲解内容的印象更加深刻。导游讲解中的手势主要有表达讲解情感的情意手势，指示具体对象的指示手势，和模拟物体或景物形状的象形手势三种类型。

1.情意手势

情意手势是用来表达导游讲解情感的一种手势。譬如：在讲到"我们中华民族伟大复兴的梦想一定能实现"时，导游人员用握拳的手有力地挥动一下，既可渲染气氛，也有助于情感的表达。

2.指示手势

指示手势是用来指示具体对象的一种手势。导游提醒游客朝自己所指的方向看时，用的就是指示手势。在讲解中，指示手势会经常使用。需要注意的是，导游在使用指示手势时，应是整个手掌平展，手心朝上或朝向侧面伸出去，不要只伸出一根手指。这样的手势既平和又体面，导游在导游过程中要注意运用。

同步训练：指示手势的要领

各位游客，请大家顺我手指的方向看，前面就是仁皇山了。仁皇山是一座历史悠久的山脉，仁皇山原名凤凰山、仁王山。现在我们看到一座雕像，像高约2.5米，体型硕大，相貌威严，头戴流冕。大家猜猜此人是谁呢？这位是中国封建王朝第一位皇帝——秦始皇。

3.象形手势

象形手势是用来模拟物体或景物形状的一种手势。譬如：当讲到"扬子鳄大约有1米长"，可用两手掌比量一米的距离；当讲到"湖笔工艺的黑子明、肩架齐"，可用手的模拟动作来表示黑子下端边界的齐平。

导游人员手势运用的原则包括简洁明确、动幅适度、自然得体、和谐统一，当然，要注意区域性差异。"OK"手势在一些地中海国家，暗示一个人是同性恋者；在巴西、俄罗斯、土耳其则是骂人的意思。伸食指在澳大利亚表示"请再来一杯啤酒"；在美国和巴西，伸出食指在太阳穴处转一圈，是指别人是个疯子；在阿根廷意指有人要在电话里和你通话；在德国开车时使用此手势，则表示骂别人开车技术太差。在使用食指手势时，切记不要用食指指点着别人，大多数国家均认为这是极不礼貌的手势。

总之，导游讲解时，在什么情况下用何手势，都应视讲解的内容而定。一般情况下手势不在多，在于简练和表现力。手势要以表达内容的需要和游客的心理需要为依据；手势的幅度与大小要根据场合的大小和游客的多少来决定；手势要与伴随的眼神、表情、姿态相互协调，追求和谐自然的整体效果。

第三节　导游语言的运用原则

一、正确

正确是指导游语言的规范性。这是景点讲解语言科学性的具体体现，是讲解时必须遵守的基本原则，通过讲解活动，导游人员向游客传播着中华文明，传递着审美信息。在这一活动中，正确性起着至关重要的作用。"一伪灭千真"，导游人员切忌信口开河、杜撰历史、张冠李戴。游客一旦发现了导游人员的蒙骗，必定产生极大的反感，会怀疑所有导游讲解的真实性，甚至会否定一切。所以要求导游人员在宣传、讲解时，必须正确无误。而且导游语言的科学性越强，越能吸引游客的注意，越能满足他们的求知欲，导游人员也会受到游客更多的尊重。

二、清楚

清楚是讲解语言科学性的又一体现，要求在讲解时切忌：

（一）含糊不清

导游必须对景区的内容胸有成竹，讲解时才能有条不紊。相反，如果不熟悉，讲解含糊不清，容易使人产生误解。有的导游由于不熟悉景区内容，缺乏自信心，讲解时用一些"可能""好像"等模糊语言，使游客很不满意。对游客来说，导游既是知识的传播者，又是难题的解答者，他们希望得到的是肯定的、明确的解答，而不是模棱两可的应付性的话语。

（二）啰嗦重复

讲解内容应紧凑、简洁明快。有的导游在讲解时，生怕游客不理解，反反复复、颠来倒去地解释、说明，尽管其动机是好的，但啰嗦的语言往往会耗尽听者的耐心。还有的导游想用一些哗众取宠的话来吸引人，讲解时，故意用一些琐碎的话作铺垫，用不必要的旁征博引来东拉西扯，结果不是言不达意，就是离题太远，使人感到啰嗦。

（三）晦涩难懂

形容口头语言书面化。口语与书面语不尽相同，口语讲求简洁，而书面语则讲求辞藻。

同步案例：仁皇阁介绍

进入阁内，凭栏远眺，真有凌空超越之感，尽揽湖城的山、湖、城之胜。北望是太湖佳景，游船如梭，片片帆影，消失在云水之间。俯首一看十万人家的万家灯火，每到黄昏时分，华灯初上，当你登上仁皇阁，全城灯火阑珊、车流如河，与天上皓月繁星相争辉，那景色更是奇丽动人。

这样的导游词晦涩冷僻的书面语较多，还特意用了修饰语、倒装句、专用术语加以修饰，若在导游讲解时，加之机械地背诵，游客不仅听不进去，而且无法理解。

（四）口头禅

有的导游由于紧张，对讲解的内容不熟悉或思维不敏捷，导致思维跟不上语言，大脑出现空白，就不自觉地重复一些字眼，即口头禅。讲解时，导游如果不分场合，无休止地使用平时的口头禅，如"这个这个""嗯""基本上""然后"等，会妨碍讲解内容的连贯性，使人听起来不安，影响游客对真实内容的了解，也影响游客的好心情。

三、生动

生动形象、幽默诙谐是导游语言美之所在，是导游语言的艺术性和趣味性的具体体现。生动的语言技能在讲解时，能使大好河山由静态变为动态，使沉睡了百年的文物古迹死而复活，使优雅的传统工艺品栩栩如生。但导游要把景区景点讲解得生动，不仅要考虑讲解内容，也要考虑表达方式，做到神态表情、手势动作、语调语速与讲解内容的和谐一致。

为了增加讲解的生动性和趣味性，可以适当地运用一些修辞，如对比、夸张、比喻、拟人等美化自己的语言。只有美化了的语言，才能把故事传说、名人轶事、自然景观等讲得有声有色、活灵活现，使游客更深刻地理解导游所讲解的内容，获得美的享受。如果语言表达平淡无奇、单调、呆板甚至是生硬，必然使游客兴趣索然，还往往会使对方在心理上产生不耐烦或厌恶的情绪；而生动形象、妙趣横生、发人省生的讲解才能起到引人入胜、情景交融的作用。

四、灵活

即根据不同的对象和时空条件进行景区导游讲解。要求讲解要因人而异、因事制宜、因地制宜。游客的审美情趣各不相同，不同景点的美学特征千差万别。因此，导游人员要灵活使用导游语言，使特定景点的讲解适用不同游客的文化修养和审美情趣，满足他们的不同层次的审美要求。而即使同一个景点，天气也阴晴不定，游客的情绪也随时变化。因此，导游必须根据季节的变化，时间、对象的不同，灵活地选择景区相关知识，采用切合实际的方式进行讲解，切忌千篇一律、墨守成规。

学习收获：

学了这个项目，我的收获是：

学习评价：

评 价 表

内容	分值	自我评价	小组评价
仪容仪表	20		
口头表达	20		
语音语调	20		
体态语言	20		
口语习惯	20		
总评			
建议			
星级评定： ★（59 分及以下）★★（60~69 分）★★★（70~79 分） ★★★★（80~89 分）★★★★★（90 分及以上）			

第四章

景点导游服务
的讲解技能

学习目标：

　　旅游景点美不美，不仅要靠景点本身的吸引力，更要靠导游人员的一张嘴。作为导游人员工作的重头戏，景点讲解工作将充分展现导游人员的才华与魅力。导游要做好景点讲解，除了要注意讲解内容的知识性、真实性、思想性和健康性外，还要注意景点讲解的常用方法、注意事项的讲解技能，从而形成具有自身特色的讲解风格。

学习任务：

　　根据景点讲解的注意事项，选取一例湖州景点，分别针对老年团和学生团，进行景点讲解。

第一节　景点讲解的基本内容

　　景点讲解，是导游人员以丰富多彩的社会生活和璀璨壮丽的自然和人文景观为题材，以兴趣爱好不同、审美情趣各异的游客为对象，对自己所掌握的各类知识进行整理、加工和组织，再以口头语言进行表达的一种意境再创造。

　　景点讲解是景点旅游接待的主体，导游人员成了完成景点旅游接待工作的核心人物。讲解服务与其他服务最大的区别在于，导游人员是运用知识来满足游客需求，而导游人员的知识性主要通过导游讲解来充分体现。导游人员要以深入浅出、生动形象、妙趣横生的讲解，激发游客的兴致，使之获得丰厚的知识和美的享受，并在潜移默化中陶冶游客的情操。

　　上知天文，下知地理，无所不晓，这是对导游讲解的知识要求。导游应该是个"杂家"，要掌握的知识包罗万象。就湖州景点导游讲解而言，其基本内容包括湖州的历史知识、地理知识和文学知识等。

一、景点的政策法规知识

　　政策法规知识是导游人员应该必备的知识，这是因为政策法规是导游人员工作的指针。导游人员是国家方针政策的宣传者，这就要求其必须牢记国家现行的方针政策，掌握相关的法律法规知识，在游览过程中树立高度的法制观念，严格遵守各种规章制度。在讲解、回答游客对相关问题的问讯或同游客讨论有关问题时，必须以国家方针政策和法规来正确处理讲解过程中出现的相关问题，当然也要善于用法律的武器保护游客及自己的合法权益。

二、景点的历史知识

历史知识是导游讲解的素材，是导游讲解的"原料"，是导游人员的看家本领。导游在讲解过程中会经常涉及丰富广博的历史知识，如历史人物、历史事件、历史典故、典章制度等。因此，景点导游人员要努力学习，只有具备了一定的历史知识，才能把旅游景点尤其是人文景点讲活、讲深、讲透、从而最大限度地满足游客求知的需要。

同步案例：湖州丝绸文化的历史

丝绸文化有着几千年的悠久历史，古老的丝绸文明是中华民族的瑰宝，也是中国对世界的重大贡献。1958年，在湖州南郊的钱山漾出土了一批丝线、丝带和没有炭化的绢片。

经中国科学院考古研究所测定，确定绢的年代为距今4700多年前的良渚文化早期，这是目前世界上发现并已经确定的最早的丝绸织物成品，从而也证明了湖州是世界丝绸文化最重要的发祥地。在丝绸历史发展的长河中，湖州的丝绸发展始终也没有停止过。

三、景点的地理知识

湖州是一个历史悠久、地理位置优越的江南著名古城。因此，导游需要掌握丰富的地理知识。在宏观上，导游要了解自然旅游资源和人文旅游资源的种类及特点、自然保护区和风景名胜区的基本情况；在微观上，应对旅游线路包含的景点进行详尽的研究和考察。

对于景点，特别是自然景观，导游应做到"知其然，知其所以然"。讲解时不仅要介绍其特色，还要说明其成因，增强讲解的科学性，从而使游客对景点的认识由感性上升至理性，提高旅游的审美效果。目前，导游在这方面存在的主要问题是，知识面较窄，只求一知半解，对其包含的科学内容不进行深入的探究。

　　"金钉子"这个名称来源于美国修铁路的历史。1869年5月10日，美国第一条横贯大陆的铁路贯通时，为表示永久性纪念，就在最后两根铁路的连接处钉上了一个金铆钉。地质学上借用这一典故，把全球界限层形象的称为"金钉子"，体现了全球界限层型在年代地层划分中的重要地位和永久性。

　　在长兴金钉子景区里发现了将近400多种海洋生物化石，这大部分的海洋类化石都是在山体的下半部分中发现的，属于古生代时期。到了山体的上半部分地质学家们则发现了非常多的爬行类动物的化石，属于中生代时期。两个不同年代形成了一座山，那么这座山无形的就存在一条分界线，地质学家们将这条分界线命名为金钉子！

　　全球大级别的金钉子仅有三枚。第一枚是划分新远古时代和古生代的，在加拿大；第二枚是划分古生代和中生代的，就在中国长兴；第三枚呢是划分中生代和新生代的，在意大利。

四、景点的文学知识

　　景点的文学知识以传说轶事、神话典故、楹联匾额、诗词歌赋、游记、碑帖等形式出现，它们从不同的角度揭示和歌颂了我国自然风光和风土人情，导游应予以生动的讲解，运用丰富的文学知识点缀所游览的景点，使游客充分享受到风景美与文化美。例如：莲花庄内各景点有不少的人文古迹，有着大量的传说典故、诗词楹联等。对此，导游必须准备充分，不断丰富讲解内容。

　　现在我们进入的这间书斋称"松雪斋"。这个书斋是以赵孟頫的号来命名的。各位请看这里有一幅楹联，上联是"儒雅风流一时二妙三绝"，下联是"江山故宅青盖碧波拥白莲"。上联的"二妙"指赵孟頫夫妻，"三绝"指他们夫妻的"诗、书、画"。下联明为描写和赞扬重建莲花庄后的景色，实际上"拥白莲"是对他们夫妻二人高尚品德的赞扬。

五、景点的其他知识

在景点介绍中，导游还需要掌握并随时运用民俗文化知识、民间工艺知识、宗教知识、建筑知识、饮食文化等方面知识。例如，导游在带领游客品尝湖州菜肴时，可以向游客适当地介绍湖州的饮食文化。

湖州的小吃在江南一带极为有名。"震远同的茶食三珍""诸老大粽子""丁连芳千张包子""周生记馄饨"等都是清代后期和民国初期江浙一带著名的点心，被称为湖州"四大名点"，现都成为"中华老字号"名牌。还有湖州双林的"子孙糕""姑嫂饼"，南浔的"橘红糕""定胜糕"，菱湖的"雪姣"等。这些传统名点都富有地方特色，也早成了湖州人逢年过节馈赠用的礼品。

同步案例：湖州诸老大粽子介绍

诸老大粽子是产自浙江省湖州市的著名传统小吃，是湖州四大名点（诸老大粽子、周生记馄饨、丁连芳千张包子、震远同的茶食三珍）之一，湖州中华老字号之一。创造人诸光潮，人称"老大"。

诸老大首创了秀丽枕式粽子，其选料讲究，制艺精良，色、香、味、形各具特色，素有"粽子状元"之美誉。诸老大粽子最出名的是细沙甜粽和鲜肉咸粽。甜粽中特制的玫瑰细沙，乌黑油亮，味甜而糯；咸粽精选腿肉切成条状分布全粽，首尾均有馅心，味鲜而香。

湖州粽历史悠久，嘉兴的五芳斋也曾出师于湖州的诸老大。金庸先生曾经在《鹿鼎记》中提到过湖州粽味道鲜美。香港四大才子之一的美食家蔡澜先生曾经在《蔡澜美食》提到粽子产于湖州。

此外，导游人员还要不断地提高艺术鉴赏能力。提高艺术鉴赏力不仅能使景点导游人员的人格更加完善，还可使导游讲解的层次大大提高，从而在中外文化交流中起更重要的作用。

第二节 景点讲解的常用方法

> 景点讲解是一门艺术。讲解方法和技巧既是讲解艺术的重要组成部分，亦是导游讲解艺术的具体体现。它能帮助游客开阔眼界、增长知识，引导游客去探索美、发现美、欣赏美，从而最终实现旅游的目的。一次生动的导游讲解就是一堂美的欣赏课，一次成功的导游讲解会给游客留下终生难忘的美好记忆。那么，在景点讲解过程中，导游人员如何才能把游客的积极性调动起来，让他们能兴致长存、自始至终以导游人员为中心，及时地随着导游人员的思路去分析、去判断、去欣赏？这就要求导游人员善于运用讲解的方法和技巧。常见的景点导游讲解方法有陈述法、描绘法、解释法、分段讲解法、突出重点法、触景生情法、虚实结合法、问答法、制造悬念法、类比法、画龙点睛法等。

一、陈述法

陈述法就是运用简洁、准确的语言对所要参观的景区作概括性的介绍。

同步案例：湖州市概况

　　湖州市是环太湖地区唯一因湖而得名的城市，是一座具有2300多年历史的江南古城。公元248年，春申君黄歇在此筑城，始置菰城县，以泽多菰草故名。在秦代称乌程，以乌中、程林二氏善酿酒而得名。三国东吴宝鼎元年（公元266年），置吴兴郡，取吴国兴盛之义，为吴兴名称之始。隋仁寿二年（公元602年），置州治，以濒太湖而名湖州。

现全市辖德清、长兴、安吉三县和吴兴、南浔二区，总面积5818平方千米，总人口近300万。近年来，湖州先后获得全国文明城市、国家历史文化名城、国家生态文明生态示范区、国家全域旅游示范区、"中国制造2025"试点示范城市等荣誉称号。

使用陈述法时，要求说辞具有概括性，以及简洁、准确的介绍。从实例中可以看出，当游客在参观到具体景点之前，为了给旅游者一个初步的印象，此时就应该采用陈述法。

二、描绘法

描绘法是用形象的、富有文采的、生动的语言对眼前的景观加以描绘。

同步案例：湖州市概况

湖州喜来登温泉度假酒店主体建筑由世界知名建筑大师马岩崧先生主创设计，地上23层，地下2层，呈指环状，利用了太湖良好的水资源，将水的动、静之美相结合，充分展示了湖州独特的人文特色、文化内涵。它近看像一串项链，用一种全新的视角、无限的想象力，把散落在湖州各地的文化资源汇成一串；远看又似水滴，把湖州纵横交错的江、河、溪串连起来，诠释了湖州极具江南水乡特色的水文化，把湖州的文化气息展现得淋漓尽致。

描绘法是当游客看到具体景观后，为了加深旅游者对景点的印象而采用的描绘法。

三、解释法

解释法是用通俗易懂的语言，对旅游者不理解内容，进行解释和说明。

同步案例：莲花庄的辋川庄

穿过假山，我们现在就来到了莲花庄的东区了。东区是庄内独立的院落，可谓是园中园。它外部高墙的正上方有"苕上辋川"四字。为什么取这个名字呢？这又是什么意思呢？其实啊，"苕"是苕溪，发源于天目山，东、西苕溪都流经湖州进入太湖，所以苕溪在这里指的就是湖州。"辋川"本来是唐朝诗人王维的别墅，里面有山、有湖、有树林、有溪水，安史之乱之后，王维在那里过着悠闲的"半官半隐"的生活。"苕上辋川"的意思是指这里是赵孟頫在湖州的辋川庄了。

解释法是为了加深旅游者对于陌生景点的印象时，应该采用的方法。

四、突出重点法

突出重点法指在景点讲解时不是面面俱到，而是突出某一方面的讲解方法。一处景点必定蕴含着丰富的讲解内容，如果讲解模糊，没有突出重点，那么游览结束后，就不会给游客留下深刻的印象。讲解时应有的放矢，做到轻重搭配、详略得当、重点突出。讲解时，一般要突出下述三个方面：

1. 突出具有代表性的景观

导游必须制定周密的计划，事先选定代表性景观，并提前做好讲解准备。所选取的代表性景观必须具有明显特征，并在整个景区中具有典型性。例如，讲解飞英公园时，应重点介绍飞英塔，因为飞英塔是整个景区的核心建筑，飞英塔不仅是一处文物古迹，也是难得的艺术珍品。

2. 突出景点的与众不同之处

旅游资源重要的吸引力之一是其独特性。独具特色的旅游景点是旅游业赖以发展的依托，也是游客关注的焦点。讲解应注意发掘景点的独特性，把讲解重点放在这里并尽力突出。如果在同一次旅游活动中参观多处类似景观时，导游必须讲解各个景观的特征及与众不同之处，以求吸引游客的注意力，以免游客产生"雷同"的感觉。

同步案例：南浔小莲庄

各位游客：大家好，欢迎参观南浔小莲庄。小莲庄位于南浔镇万古桥西面，是南浔四象之首刘镛的庄园。它始建于1885年，完工于1924年，历经刘家祖孙三代四十年的时间建成，因为主人刘镛在世时非常仰慕元代湖州籍大书画家赵孟頫的别业莲花庄，所以主人将此园林取名为"小莲庄"。

相信各位游客游玩过许多园林，但是在所有园林中，小莲庄却是独特的一座。它的独特不仅在于碧波澄清的数顷荷池，和池畔灵巧多姿的长廊曲桥，还在于岸边中西合璧的亭台楼阁，更在于它是和历史上最后一座规模庞大的藏书楼——嘉业堂，连成一体而成的江南园林。

3. 突出"……之最"

面对某一景点，可根据实际情况，介绍这是某个之最的内容，如此讲解突出了景点的价值，极易引起游客的兴趣。

需要注意的是，讲解时，不能为了突出特点而信口开河，不能言过其实、过分夸张，不能动不动就用"最大的""最高的""独一无二的"等词，所讲内容一定要有根据、有权威性。

五、触景生情法

触景生情法就是见物生情、借题发挥的导游讲解方法。不能就事论事地介绍景物，而是要借题发挥，利用所见景物制造意境，使游客产生联想。

利用触景生情法讲解时，要注意讲解的内容要与所见景物和谐统一，使其情景交融，让游客感到景中有情、情中有景。导游通过生动形象的讲解，有趣而感人的言语，赋予静态的景物以生命，注入情感，引导游客进入特定意境，从而使他们获得更多的知识和美的感受。

六、虚实结合法

虚实结合法就是在导游讲解中将典故、传说与景物介绍有机结合，即编织故事情节的讲解手法。虚实结合法的"实"是指景物的实体、实物、史实、艺术价值等。"虚"指的是与景点有关的民间传说、神话故事、趣闻轶事等。"虚"与"实"必须有机结合，以"实"为主，以"虚"为辅，并以"虚"加深"实"。

湖州大多数旅游景观，都有美丽的神话传说和民间故事，如莫干山剑池的传说；赵孟頫与管道升的爱情故事；百叶龙的民间传说等。运用虚实结合法，能使讲解显得丰富多彩、起伏多变、扣人心弦。但切忌胡编乱造、无中生有，传说、典故等的运用必须以客观存在的事物为依托，以增强可信程度。

七、问答法

问答法就是在景点讲解时向游客提问题或启发他们提问题的讲解方法。问答法是导游为了避免个人从头到尾唱"独角戏"，有意识地提出一些问题，巧妙地抓住游客的注意力，使游客由被动的听变为主动的参与，以达到活跃气氛、融洽导游与游客之间关系的目的。一般来说，问答法主要有自问自答法、我问客答法、客问我答法、客问客答法四种形式。

1. 自问自答法

自问自答法是由导游提出问题并适当停顿，让游客猜想，但并不期待他们回答。使用这种方法只是为了吸引游客的注意力，促使游客思考，提出的问题难度较大，接下来的讲解内容是比较重要或关键的。导游在提出问题后，停顿时间不能太长，应马上给予简洁明了的回答或生动形象的介绍。

2. 我问客答法

我问客答法即由导游提出问题，引导游客回答或讨论的方法。这一方法要求导游善于提问，所提的问题难度适中，游客不会毫无所知，但可能会有不同答案。导游要诱导游客回答，但不能强迫，以免让游客尴尬。游客的回答不论对错，导游都不应打断，更不能笑话，而要给予鼓励。最后由导游讲解，并引出更多、更广的话题。例如，莲花庄与哪位名人有关？湖州的特产有哪些？这类问题难度不大，游客稍动脑筋就可以回答。所以导游应事先考虑和设计所提的问题，使问题富有思想性、趣味性和教育性。

3. 客问我答法

在讲解过程中，游客有时会突然向导游提出问题，导游依据一定的事实基础和原则进行合适的表达，这就是客问我答法。游客提出问题，证明他们对某一景物产生了兴趣，因此导游应认真地回答，绝不能置若罔闻，也不能显示出不耐烦的神情，更不应该嘲笑游客。不过，导游对于游客的提问，不要问什么就答什么，一般只回答与景点相关的问题，而不让游客的提问打乱安排。

4. 客问客答法

有时当游客提出某一问题时，导游不立即作出回答，而是有意识地请其他游客来回答问题。导游在为专业团讲解专业性较强的内容时，可运用这种方法，但前提是必须对游客的专业情况和声望有较深的了解，并事先打好招呼，切忌安排不当，引起其他游客的不满。如果发现游客回答问题存在偏差或不足之处，导游应见机行事，适当指出，但注意不要使其自尊心受到伤害。此外，这种导游方法不宜多用，以免游客对导游的能力产生怀疑，产生不信任感。

八、制造悬念法

制造悬念法是导游在讲解时常提出令人感兴趣的话题，但故意引而不发，给游客留下悬念，激起游客急于想知道答案欲望的一种方法，俗称"卖关子""吊胃口"。通常是导游先提出问题，激起游客的兴趣，但不告之下文或暂不回答，让游客去思考、琢磨、判断，最后才讲出结果。这种用先藏后露、引而不发的手法得到的答案，往往会给游客留下特别深刻的印象。

> 同步案例：中国扬子鳄村
>
> 各位游客大家好：欢迎来到中国扬子鳄村，参观地球上唯一冬眠的鳄鱼——扬子鳄。在这四周亭台楼阁、廊桥轩舫的江南古园林建筑中共养殖了4000余条扬子鳄，其中包括引进的几十条国外品种的鳄鱼。在这里，是一个集科研教育、观光旅游、文化交流于一体的综合性自然生态园。在来这儿之前，许多朋友可能对扬子鳄并不是很了解，它们为什么要叫做扬子鳄，扬子鳄又是怎样生活的呢？接下来，就请各位游客跟随我，沿着这条长廊一起去寻找答案吧！

九、类比法

所谓类比法就是在讲解时用游客熟悉的事物与眼前景物进行比较，以熟喻生，达到触类旁通的讲解方法。导游如用游客熟悉的事物与眼前的景物相比较，定会使游客感到亲切和便于理解，达到事半功倍的讲解效果。类比法可分为同类相似类比、同类相异类比、时代之比等类型。

1. 同类相似类比

同类相似类比是将相似的两物进行比较，便于游客理解并使其产生亲切感。针对不同国家和地区的游客，导游应根据他们所熟知的事物进行类比讲解，使其产生一种"虽在异国他乡却又犹如置身故里"的亲切感，满足其自尊心和自豪感。

2. 同类相异类比

同类相异类比是将两种事物比较规模、质量、风格、水平、价值等方面的不同。对于同类事物，如要比较其相同之处，可选择同类相似类比；如要比较其不同之处，则可以选择同类相异类比。这两种方法可以同时使用，并不冲突。

3. 时代之比

导游在讲解时，可将不同国家处于同一时期的帝王作类比，也可将年号、帝号纪年转换为公元纪年。

十、画龙点睛法

用凝练的词语概括所游览景点的独特之处，以加深游客印象的讲解方法称为"画龙点睛法"。游客听了导游的讲解，观赏了景物，一般都会有一定的感悟，导游可趁此机会给予适当的总结。以简练的语言，甚至几个字来点出景物精华之所在，帮助游客进一步领略其奥妙，获得更多、更高的精神享受。例如，在游览完湖州后，导游可用"行遍江南清丽地，人生之合住湖州"来赞美湖州；总结湖笔特点可用"尖、齐、圆、健"来概括。

同步案例：湖笔特点

湖笔的产地在浙江湖州南浔区善琏镇。湖笔分羊毫、狼毫、兼毫、紫毫四大类；按大小规格，又可分为大楷、寸楷、中楷、小楷四种。

湖笔选料讲究，工艺精细，品种繁多，粗的有碗口大，细的如绣花针，具有尖、齐、圆、健四大特点。尖指笔锋尖如锥状；齐指笔锋撮平后，齐如刀切；圆指笔头圆浑饱满；健指笔锋挺立，富有弹性。

湖笔，又称"湖颖"。颖是指笔锋尖端一段整齐透亮的部分，笔工们称为"黑子"，这是湖笔最大的特点。这种笔蘸墨后，笔锋仍是尖形，把它铺开，内外之毛整齐而无短长。

除上述几种常用的讲解方法外，景点导游讲解的方法还有很多，如名人效应法、课堂讲解法、妙用数字法、启示联想法等。在具体工作中，各种导游方法和技巧不是孤立的，而是相互渗透、相互依存、密不可分的。导游在学习众家之长的同时，必须结合自己的特点融会贯通，在实践中形成自己的导游风格和导游方法，要善于根据具体的时空条件和对象，灵活地运用各种方法，并且要不断总结、扬长避短，才能获得不同凡响的导游效果。

第三节　景点讲解的注意事项

一、讲解与游览相结合

俗话说："看景不如听景"，游客通过聆听导游的讲解可以欣赏到更多的风景。但是，导游的景点讲解不能取代游客的游览，导游并不是讲的越多越好，而是要把握节奏，以讲解为主，以游客游览为辅，有导有游，实现讲解和游览相结合。

导游在景点内进行讲解时，要有缓有急、有松有紧、有取有舍，要讲究讲解的节奏。一般情况下，行路时少讲些、讲快些，观赏时多讲些、讲慢些。导游应根据各景点的具体情况和观赏价值，确定讲解节奏，从而做到有的放矢。

二、讲解与游客的兴趣相结合

游客的兴趣爱好均不相同，但从事同一职业的人或文化层次相同的人往往有共同的爱好。在研究旅游团的性质时，要注意游客的职业和文化层次，以便在游览时重点讲解旅游团内大多数成员感兴趣的内容。如新四军苏浙军区纪念馆的游客可以分为专家团、学生团、党员团、一般成年游客等类型。面临专家团时，讲解须尤其注重历史的真实性；面临学生团时，注重趣味讲解；面临党员团时，注重廉政教育；而为成年游客讲解时，可在文物上多下功夫。

三、讲解内容与讲解时机、地点相结合

　　在景点游览时，导游应把握在什么时间、什么地点、具体讲解什么内容，要有计划、有选择地进行讲解，做到讲解的内容与时间、地点完美地结合起来。

同步案例：雨天讲解

　　一批游客从外地来到法华寺，很不巧，刚下车就下起了倾盆大雨，客人见到这样的情况很失望，甚至有游客都不想下车。不同的导游就会有不同的语言。比如："中国有句古话，'贵人出门，风雨相迎'，你看，果然有贵客光临了！"相信这么一说就会大大提高游客游览的兴致了。

　　可见景点讲解时与讲解时机、地点相结合的重要性。讲解时机与地点把握得好，能提高游客的观赏意识，增强游兴，使游客获得美感。这要求导游统筹考虑景点特色、游客的心理变化、游览路线和速度以及日程安排等，选择最佳时机和适宜的地点，进行有条不紊的讲解。

第四节　景点讲解的风格培养

一、导游讲解风格的形成

任何人并非从当上导游人员的那一刻起就具有自己的导游风格。一般来说，导游讲解风格的形成都要经过学习模仿、成熟定型、发展创新三个阶段。

（一）学习模仿阶段

初级阶段，通过看导游书，背导游词，跟着老导游人员上团，模仿别人的导游讲解风格，来积累导游讲解经验，这是所有导游人员都要经历的第一步。这一阶段的导游讲解只能是把刚学到的东西照葫芦画瓢卖出去，缺乏自己的领悟、无暇顾及游客的心理，故尚未形成自己的特色。

（二）成熟定型阶段

经过导游人员的不断学习，经过无数次的实地导游、一次次的讲解历练，导游人员已经能熟练、灵活自如地运用各种导游方法和技巧，能细心洞悉并抓住游客的各种心理，能与游客进行情感交流，并且不同导游人员的性格、知识水平的差异逐渐显现出来，导游讲解风格基本形成，这是导游讲解风格形成的第二阶段。

（三）发展创新阶段

优秀的导游人员是不断学习、不断积累、不断改进，并不断创新，以发挥自己的特点和优势，力求使自己的导游讲解更上一层楼，达到炉火纯青的完美境界。

二、导游讲解风格的培养

那么怎样培养自己的导游讲解风格，尤其是初学者，除了有热情、有信心之外，应该从以下几个方面来着手：

（一）注意知识的积累

俗话说："巧妇难为无米之炊。"若没有一定的知识储备，讲解犹如无本之木、无源之水，就会显得空洞无物，即使有一张伶牙俐齿，仅靠几句插科打诨、几句"甜言蜜语"，或几段"黄色笑话"，是满足不了游客的需要、征服不了游客的心的。导游人员的知识结构应该是"T"字型，即既要有广度又要有深度。既要广泛涉猎政治、经济和社会知识，自然、历史、地理、文化、民俗知识，政策法规知识，心理学和美学知识，导游业务知识，客源地、客源国知识等，又应成为某些方面的专家。

（二）注重经验的借鉴

导游经验是导游前辈们在长期实践工作中不断探索、不断总结、不断积累而成的宝贵财富。俗话说得好："他山之石，可以攻玉。"作为初学者，一定要虚心向老导游学习，借鉴导游前辈们的宝贵经验。这样犹如站在巨人的肩膀上，可以更快地掌握各种导游的方法和技巧，更快地积累导游经验，从而更好地做好导游讲解工作。然而，除了部分导游人员将他们的经验付之笔墨、形成文字外，有相当多的导游经验并不能从书本上找到。这就需要初学者一定要做个有心人，在日常工作中、生活中处处留心观察，用心积累，从那些"大导""名导"的言谈举止、一点一滴中寻找答案。

（三）努力培养讲解能力

要做好导游讲解工作，仅有丰富的导游知识是远远不够的，仅靠借鉴他人的经验甚至模仿他人的讲解也是远远不够的。要做好导游讲解工作，除具备上述因素外，导游人员还必须勤思苦练，培养自己的导游讲解能力。俗话说："熟能生巧。"通过多看、多听、多练，练就一张巧嘴。既能讲，又善讲。既能出色地驾驭导游语言，语言精练，言辞达意，且幽默机智，回答问题能对答如流，又能自如地驾驭游客的情感，懂游客心理，善察言观色，能随机应变，还能灵活地驾驭导游技巧。这样，导游人员的工作才能游刃有余。

（四）努力培养应变能力和创新能力

导游讲解是导游人员与游客面对面的接触与交流。因游客来自不同国度、不同地域，具有不同的文化层面和社会背景、不同的宗教信仰与爱好，况且随时又受到气候、健康、时间、情绪、环境等各种因素的影响，因此导游讲解的内容、方法、技巧等也应随机而变，这是导游讲解的基本原则。不可墨守成规，而应随时调整，随时改进，不断创新。

学习收获：

请你根据具体的讲解方法，选取 1~2 处湖州景点进行导游词的编写。

学了这个项目，我的收获是：

学习评价：

评 价 表

内容	分值	自我评价	小组评价
基本内容	30		
常用方法	50		
注意事项	20		
总评			
建议			

星级评定：

★（59分及以下）★★（60~69分）★★★（70~79分）

★★★★（80~89分）★★★★★（90分及以上）

第五章

景点导游对特殊
问题的应变技能

学习目标：

    景点导游人员在引导游客游览欣赏自然景观和人文景观的过程中，由于种种原因会出现一些意想不到的问题，导游人员应临阵不乱、相互协助，冷静应付并正确地处理，圆满完成接待任务。

学习任务：

    学会运用景点导游中对特殊问题的预防和处理方法。处理各种特殊问题和事件是对导游人员应变能力和独立处理问题能力的实际检验。对游客提出的个别要求，导游人员应及时、合情合理地予以处理。

第一节　游客个别要求的处理

> 游客个别要求是指旅游团游客在到达旅游景点时，个别游客或少数游客因旅游生活需要所提出的各种计划外的特殊需求。
>
> 游客的个别要求是多种多样的，有的要求合情合理，有的故意挑剔，有个别的是无理取闹，面对游客提出的各种要求导游人员应坚持原则，根据游客要求的不同情况，分别采取不同的方法，合情合理地予以处理。

一、文娱方面

如果出现这种情况：在大型的旅游景区，由于游览线路复杂以及旅游活动或表演场地众多，一部分游客想观看一种演出，而另一部分游客要求观看另一种演出。此时，若他们所去的地方在同一线路，导游人员可与司机商量，尽量用同一辆车送达或接返；若不在同一线路，可为少数人另行安排车辆，但车费由他们自理。

如果在演出过程中，个别游客坚持要求中途退场。此时，导游人员可予以安排，让其自费要车返回，以免影响演出组织者和其他游客。

如果游客提出自费观看旅游景点以外的文娱节目或参加某项娱乐活动，景点导游人员应礼貌地请其与旅行社导游协商。若此事是由旅行社导游提出，在不影响正常接待工作的前提下，可协助地陪买票、联系、叫车等。

同步案例：有部分游客不愿观看计划内的文艺演出，而要求去现看另一场文艺演出，导游人员将如何处理？

某旅游团一行30人前往龙之梦游玩，按照计划当天晚上在钻石酒店西侧演艺吧观看歌舞秀表演，但其中6位游客提出不去看演出，而是去大马戏观看马戏表演，你应该如何去处理？

如果旅游团中部分游客不愿去观看计划内的文艺演出，而要求去看另一场文艺演出，导游人员应首先对游客进行说服工作，告知文娱票已订好，必要时请领队协助调解。若游客坚持要观看另一场演出，导游人员应予协助。如两处演出地点同路，导游人员在与司机商量后，可先后将两部分游客送到演出地点，但观看计划外演出的游客费用需自理；若两个演出地点相距甚远，导游人员可为观看计划外演出的部分游客安排车辆，但所有费用需自理。

二、购物方面

在大型游览景点的购物活动中，有的购物场所可能是景点企业的一部分，有的可能是当地居民的特色购物中心。

1. 要求单独外出购物的处理

若有的客人在集体购物时间外，还希望导游人员陪其个人或几个人去购物，当购物参谋，导游人员在合理而可能的情况下陪同前往。若不能陪同，应为他们指引路线，以免客人迷路，但当旅游团即将离开景点时，导游人员要劝阻游客外出购物。

2. 要求代办托运的处理

游客欲购买某件商品，当时无货，临走时委托导游人员代为购买并托运，导游人员一般不应接受；实在推托不掉时，导游人员要请示领导。领导同意后，需收取足够的钱款，办妥之后将余款、发票托运单及运费收据一并寄给委托人，景点应保存影印件，以备查验。

三、要求自由活动方面

在游览景点的过程中，应根据旅游团在本景点逗留的时间给予游客适量的自由活动时间。当游客要求自由活动或单独活动时，导游人员应按合理而可能的原则妥善处理，并认真回答游客的咨询，提出建议，尽量满足他们的要求。但在以下情况下则应劝阻游客自由活动：

（1）要求去的地方存在安全问题或隐患。此时导游人员可向游客说明情况，劝阻他们不要前往该处，以免游客产生误会。

（2）要求去不对外开放的区域参观游览。导游人员应婉言拒绝，不得自作主张答应游客的这种要求，必要时可提醒对方尊重有关规定。

（3）在即将离开旅游景点前，为避免误机（车、船），一般应提醒游客不要自由活动，特别是需要较长时间的活动，以免影响整个团队准时抵达机场（车站、码头）。

第二节　旅游投诉的处理

> 　　旅游投诉是指旅游者对旅游产品和服务质量低于旅游合同的约定或其期望所表示的不满而采用口头或书面形式的诉求。旅游投诉有的发生在旅游活动之后，有的则发生在旅游活动进行过程之中。后一种情况如果得不到及时处理，会对旅游活动形成障碍，甚至引起更加严重的后果。因此，在导游服务中，导游对来自旅游者的投诉应认真对待，及时、妥善地处理。

一、旅游者投诉的心理特征

　　不同的旅游者，其投诉的心理也不尽相同，通常主要有三种，即求尊重的心理、求发泄的心理和求补偿的心理。

（一）求尊重的心理

　　求尊重是人之常情，旅游者希望在旅游过程中其人格受到尊重，尤其是那些身份和地位较高的旅游者。接待人员和有关服务人员若稍不注意，其言行有时在他们看来不仅是不尊重，而且是一种侮辱，因而引起他们的不满。有的时候，当投诉者从景区得到尊重的表示后，甚至会请求不要惩罚被投诉者。

（二）求发泄的心理

　　求发泄是旅游者通过投诉来表达其内心的愤懑情绪和不满的一种形式。旅游者因对导游人员或其他旅游服务人员的态度和行为感到不满，觉得受了委屈或虐待，希望向别人诉说其心中的不快。这类旅游者在投诉时或喋喋不休反复诉说其不幸遭遇，或心情十分激动，使用激烈的语言对被投诉者进行指责。这类情况往往发生在旅游者的期望和要求多次提出而得不到满足或旅游品和服务存在较大或较多缺陷时发生。具有要求发泄心理的旅游者提出投诉的主要目的是向景区和导游人员发泄其不满和怨气，求得心理上的平衡。当旅游者怨气发泄完毕，并得到安慰后，往往会感到心理上的满足，而不再提起赔偿的要求。有些旅游者甚至还会对其在投诉时使用的激烈语言感到后悔，表示歉意。

（三）求补偿的心理

求补偿是旅游者认为其合法权益受到损害而通过投诉以获得某种补偿的心理。这种要求补偿的心理可能是物质上的，例如希望景区向其退还部分旅游费用；也可能是精神上的，例如希望景区和导游人员向其表示道歉。如果确实因景区接待服务的失误给旅游者造成经济损失或精神损失的，可以适当给予一定的经济补偿或赔礼道歉。如果游客因误会而向景区投诉的，则可以婉转地加以解释，以消除误会。上述三种心理可能存在于不同旅游者身上，也可能同一旅游者存有两种以上的心理。导游人员面对旅游者的投诉，不管投诉的对象是针对景区、导游，还是相关接待单位及其人员，都应以礼相待，并根据不同投诉者的心理和投诉的问题分别采取相应的处理办法。

二、旅游投诉的处理

旅游投诉的妥善处理，可以将坏事变成好事，导游人员不仅可以从中取得经验，而且也有助于改进旅游接待工作中的一些薄弱环节。旅游投诉的处理应注意如下要点：

（一）耐心倾听，不与争辩

在接受旅游者口头投诉时，应尽量采取个别接触的方式，以避免对其地旅游者形成影响，对于集体投诉，最好请其派出代表，以免人多嘴杂，分散导游的思考。在接受旅游者投诉时，导游要保持冷静，耐心倾听，不管旅游者的脾气多大，态度多差，也不管投诉的事情是大是小，出入多大，都要让其把话说完。这样不仅有利于缓和旅游者的激动情绪，让他们把心中的不满发泄出来，而且有助于导游人员思索解释的办法。让旅游者把话讲完，这时气也消去了大半，问题的处理也就比较方便了。反之在旅游者话未讲完，心中的恼怒未发泄完时，导游人员就忙于解释、分辩，甚至反驳，不仅不利于原有问题的解决，反而会增加处理的难度，甚至引发冲突。所以在接受旅游者投诉时，导游要一面耐心倾听，了解游客的观点，善于听其弦外之音，并请教旅游者自己的理解是否正确，以体现对其尊重；一面做必要的记录，捕捉旅游者投诉的要点，既让客人感到接待人员听取投诉的态度是真诚的，是愿意帮助他们解决问题的，又为导游确定投诉问题的性质和严重程度提供依据。必要时可请旅游者签名留据，以为妥善解决提供帮助。应注意的是，对旅游者所要表达的意思切不可理解有误。对于旅游者投诉中某些不实的内容，甚至过激的言语，导游也不要急于争辩。但是如果旅游者的发泄对旅游活动构成了障碍，导游人员应适当予以阻止。若旅游者投诉时，态度蛮横、气氛紧张、无任何缓和余地，导游人员无法同其交流下去，则可有礼貌地提出建议，另找时间再谈。若旅游者的投诉涉及导游本人，导游更应冷静理智地对待，应持有则改之，无则加勉的态度，认真倾听。

（二）表示同情和理解，不盲目做出承诺

对于旅游者的投诉，导游要设身处地地从旅游者的角度着想。因为在旅游者看来，他们投诉的都不是一般的小问题，而是直接关系到其利益的大事。因此，导游要表现出充分的同情和理解，要采取适当的言语来缓和旅游者的情绪。如果旅游者的投诉是针对导游服务的，又基本符合实际，导游应向旅游者表示歉意，在服务中将重点放在其投诉的问题上，用行动争取旅游者的谅解。如果旅游者投诉的问题属于相关接待单位，导游也要有代人受过的胸怀。对于旅游者在投诉中提出的要求，特别是有关赔偿的问题，导游不要轻易做出任何承诺，以避免工作中的被动和可能带来的麻烦。

（三）调查了解及时答复

旅游者的投诉，既不能全盘肯定，也不能全盘否定，导游要对投诉的问题进行全面的调查了解，并同有关方面进行核实，在此基础上根据事实进行处理，不要匆忙地做出判断。如涉及赔偿问题，要同有关单位进行协商。除了不可控因素导致的服务缺陷，如航班误点、交通堵塞等需要对旅游者进行耐心解释外，旅游者投诉的不少问题都可通过提供超常服务和对他们的加倍关心和照顾得到弥补或解决。在处理旅游者投诉时，导游必须做到：迅速办理，不要拖延；答复及时；对游客投诉中反映的意见表示感谢；对一些重要投诉或导游人员无力解决的问题要及时报告旅行社；注意保护投诉者的隐私。

第三节　游客走失的预防与处理

> 在参观、游览或自由活动时，游客走失的情况时有发生，导游必须加强责任心降底这种事故的发生率。尤其是面积比较大的景区，游客走失后寻找难度大，而团队的游程不可能因个别游客走失而停止。导游应该学会妥善处理寻找游客与继续旅游的关系，解决好问题。

一、游客走失的预防

（1）景点导游人员每次都要向游客报告当天的行程安排、游览地点、就餐地点和餐厅的名称。

（2）当旅游团在景点下车之后，若有景点导游人员迎接，景点导游应及时告知游客旅游车的停车地点、车的型号和车号。

（3）导游人员应在游览点示意图前向游客介绍游览路线、游览所需时间、集合时间和地点。

（4）在参观游览中导游人员应以丰富的讲解内容和高超的讲解技巧吸引游客，同时注意游客的动向并与其他导游人员配合照顾好游客。

二、游客走失的处理

在参观游览时，游客走失的情况时有发生，虽然不一定都是导游人员的责任，但导游人员应高度重视，因为在旅游全过程中，维护游客的人身和财产安全是导游人员义不容辞的职责。一旦游客走失，不仅会给游客的情绪带来影响，而且严重时会影响旅游计划的完成，甚至会危及游客的生命和财产安全。旅游中建议游客外出最好结伴而行，不要走得太远，不去秩序混乱的地方等。

如果游客在游览中走失，景点导游人员先向其他游客了解走失的有关情况，分析推测走失的时间和地点，然后安排人力寻找。如果有其他导游人员在场，可让其它导游人员和领队一起寻找，还可通知本单位后勤人员协助查找。请他们在那些人多的地方、进出口处等地点协助寻找。寻找工作分工明确后，景点导游应带领其他游客继续游览。寻找活动不应影响团队的正常游览计划，不影响团内其他游客的情绪和浏览，景点导游人员要注意寻找走失游客和带领其它人员浏览两者兼顾。

第四节　游客遗失物品的预防与处理

> 游客在游览期间遗失物品是一个常见的问题。造成物品遗失的原因大致有：一是因游客自己疏忽大意；二是被窃。对游客来说，物品遗失会给其精神带来压力，使其情绪低落，甚至会对其旅行生活带来困难。

一、游客遗失物品的预防

多向游客做提醒工作；游客到达景点下车后，导游人员要提醒司机清车、关好车窗和锁好车门；用餐完毕后，要提醒游客带好自己的随身物品；不为游客保管证件，用完后要立即当面清点交还，并提醒游客保管好自己的证件。

二、游客遗失物品的处理

景点导游应积极协助旅行社导游做好如下工作：立即向公安局或有关保安部或保险公司报案；及时向旅游景点或旅行社报告；若旅游活动结束时仍未找到或破案，可根据丢失的时间、地点和责任方的具体情况作善后处理。

第五节 游客患病的预防与处理

游客旅途期间患病，不仅对游客造成痛苦，而且也可能影响到旅游活动的顺利进行。因此，导游人员应认真采取各种措施，做好预防工作和预案。

一、游客患病的预防

首先，了解游客的健康状况，游览过程中，察言观色进行了解。其次，根据游客性质，活动日程安排要得当，做到劳逸结合。最后，多做提醒预报工作。

同步案例：都是"助人为乐"惹的祸

小杨带领游客准备游玩莫干山，其中所带团中有位游客，由于对当地气候不适，患着重感冒，小杨本打算劝这位游客不要随团活动，但小杨觉得游客好不容易来一趟，不登莫干山实在太遗憾了，所以就没有劝阻他随团活动。当天因为风较大，下山后，这位游客就开始发高烧，最后不得不把他送去医院。而游客病好后投诉了小杨，并要求景区支付部分医药费。弄得小杨心里非常窝火，心想："我还不是为了你着想，怎么好心没有好报啊！"

在案例中，虽然小杨是好心，怕游客错过了精彩的景点，但是他是有一定责任的。导游在带团过程中，如果游客患病，应劝其及早就医，注意休息，不要强行游览，这是非常重要的对游客服务细节。

二、游客患病的处理

(一)游客患一般病症的处理

在旅游景点游览期间若游客患有感冒、发烧、晕车、中暑、腹泻等这类一般性疾病，导游人员应做到：

1. 劝游客及早就医并多休息

游客患这类疾病时，导游人员应劝其尽早去医院诊治，留在饭店休息，不要勉强随团活动。在大型旅游景点，若有必要，景点导游人员可陪同游客前往医院就医，说明费用自理，并提醒其保管好诊断证明和收据。

2. 关心游客病情

若患病游客留在景点内的饭店休息，导游人员应主动前去探望，询问身体状况，以示关心；安排好患病游客的用餐，必要时通知餐厅为其提供送餐服务。

(二)游客患重病的处理

若游客在参观中患重病，导游人员应按以下方法来处理：

（1）游客病重时，导游人员应立即协同领队或患者亲友送病人去急救中心或医院抢救，或请医生前来抢救，医疗费自理。

（2）在抢救过程中须有旅游团领队或患者亲属在场，详细记录患者患病前后的症状。动手术前须征得患者亲友或领队的同意并由他们签字。

第六节　旅游安全事故的预防与处理

　　《旅游安全管理暂行办法实施细则》规定：凡涉及游客人身、财物安全的事故均为旅游安全事故。旅游安全事故主要有交通事故、治安事故、火灾事故、食物中毒等。旅游安全事故分为四个等级。

　　轻微事故：是指一次事故造成游客轻伤，或经济损失在1万元以下的。

　　一般事故：是指一次事故造成游客重伤，或经济损失在1万（含1万）至10万元的。

　　重大事故：是指一次事故造成游客死亡或游客重伤致残，或经济损失在10万元(含10万元)至100万元的。

　　特大事故：是指一次事故造成游客死亡多名,或经济损失在100万元以上，或事故性质特别严重，产生重大影响的。

一、火灾事故

(一)火灾事故的预防

　　人们常说"水火无情"，一旦发生火灾，尤其是深夜熟睡时发生火灾，后果十分严重，旅游者的生命财产将受到直接威胁。导游人员不要因饭店发生火灾甚为罕见而掉以轻心，为了防止火灾事故的发生，在旅游活动中，导游应该：

　　1.多做提醒工作

　　牢记火警电话号码（119），提醒游客不携带易燃、易爆物品，不乱扔烟头，不要躺在床上吸烟。

2.熟悉景点的安全出口和转移路线

游客进入游览区后，导游人员应向其介绍安全出口、安全楼梯的位置和转移路线，一旦失火时，能迅速通知旅游者，从安全通道撤离。

(二)火灾事故的处理

1.立即拨打119报警，迅速通知领队和全体旅游者撤离

不要使用电梯，在撤离时，要轻装、快速、有序，不要拥挤，要听从工作人员的指挥，组织旅游者迅速从安全出口撤离，撤出过程中，切勿重返房间内拿取贵重物品。

2.引导旅游者自救

如情况紧急，不能离开火灾现场而被困，不要乘坐电梯和跳楼，而应镇定地判断火情，引导旅游者自救。正确的做法是：

（1）若着火点在本楼层，应引导旅游者尽快跑向紧急出口；若着火点在上层，应引领旅游者向楼下跑；若着火点位于下层，应带领旅游者逃向楼顶平台。

（2）若旅游者身上着火，应告之就地打滚，或用厚重衣物压灭火苗。

（3）必须穿过浓烟时，要用浸湿的衣物披裹身体，捂住口鼻，贴近地面顺墙爬行。

（4）大火封门无法逃出时，可用浸湿的衣物、被褥堵塞门缝或泼水降温，如有烟进入房间，可开启外窗排烟。同时尽快与外界联系，求得救援。等待救援时，应选择窗口、阳台、楼梯口、挨近墙壁等易被救援人员发现的地方。

（5）消防人员到来后，要一面高声呼叫，一面在窗口摇动色彩鲜艳的衣物。

3.协助处理善后事宜

旅游者得救后，导游人员要清点旅游团人数，若有人未到，要组织人员尽力寻找；有人受伤要立即组织抢救；若有人受重伤应迅速送医院，并将受伤或死亡情况及时报告景区，听取指示；采取各种措施安定旅游者的情绪；依据领导的指示，解决旅游者因火灾造成的生活上的困难；协助领队处理好善后事宜，按有关规定处理旅游者受伤、死亡事件，协助办理证明、索赔等事宜；写出详细的书面报告。

二、溺水事故

(一)溺水事故的预防

游客在有水域的景点游玩时，景点导游应重视对旅游者可能出现溺水事故的预防，并采取适当的防范措施。主要包括：

（1）在河、湖边游览时，导游人员要提醒旅游者，尤其是老人和小孩，不要太靠近水边行走，以免不慎跌入水中。

（2）在旅游活动中，导游应提醒旅游者不要单独或少数人结伴去偏僻或水情不明的地方游泳；不

要在水边或水中孤立的礁石上拍照。

（3）旅行社在组织旅游者进行水上漂流活动时，导游应安排他们穿好救生衣，讲清注意事项。

（4）旅行社组织旅游者乘船游览时，导游要注意不要超载，要注意了解救生设备的存放位置和掌握其使用方法。

（5）导游人员要提醒旅游者不要在河湖封冻初期或解冻期的冰上滑冰或行走，以防冰破落水。

(二)溺水时的自救方法

（1）不要慌张，发现周围有人时立即呼救。

（2）放松全身，让身体漂浮在水面上，将头部浮出水面，用脚踢水，防止体力丧失，等待救援。

（3）身体下沉时，可将手掌向下压。

（4）如果在水中突然抽筋，又无法靠岸时，立即求救。如周围无人，可深吸一口气潜入水中，伸直抽筋的那条腿，用手将脚趾向上扳，以解除抽筋。

（三）发现有人溺水时的救护方法

（1）可将救生圈、竹竿、木板等物抛给溺水者，再将其拖至岸边。

（2）若没有救护器材，可入水直接救护。接近溺水者时使其背向自己然后拖运，拖运时通常采用侧泳或仰泳拖运法。

（四）岸上急救溺水者方法

（1）迅速清除溺水者口、鼻中的污泥、杂草及分泌物，保持呼吸道通畅，并拉出舌头，以避免堵塞呼吸道。

（2）将溺水者举起，使其俯卧在救护者肩上，腹部紧贴救护者肩部，头脚下垂，以使呼吸道内积水自然流出。

（3）进行口对口人工呼吸及心脏按摩。

（4）尽快联系急救中心或送去医院。

三、食物中毒

旅游者因食用变质或不洁的食物常会发生中毒。食物中毒分两大类，即细菌性食物中毒和非细菌性食物中毒。常见的是吃了被细菌污染的食物而引起的细菌性中毒。其特点是：潜伏期短，发病快，表现为急性胃肠炎。中毒的症状为恶心、呕吐、腹痛、腹泻，而且呕吐和腹泻比较剧烈。

（一）食物中毒的预防

在有饭店的景区就餐时，为防止食物中毒事故的发生，景点导游应该：

（1）严格执行在旅游定点餐厅(馆)就餐的规定。

（2）提醒旅游者不要在小摊上购买食物，不喝不洁的水，少吃生冷食物。

（3）用餐时，若发现食物、饮料不卫生，或有异味、变质的情况，应立即要求更换，并要求餐厅负责人出面道歉，必要时向景区领导汇报。

（4）提醒旅游者不要采摘旅游景点里的野果食用。

（二）食物中毒的处理

一旦发现游客出现上吐下泻、腹痛等食物中毒症状，首先应立即停止食用可疑食物，同时立即拨打120。在急救车到来之前，采取以下自救措施：

1.催吐

对中毒不久而无明显呕吐者，可用手指、筷子等刺激其舌根部催吐，或让中毒者大量饮用温开水并进行反复自行催吐，以减少毒素的吸收。经过大量温水催吐后，呕吐物已变为澄清液体时，可适量饮用牛奶以保护胃黏膜。如在呕吐物中发现血性液体，则提示可能出现了消化道或咽部出血，应暂时停止催吐。

2.导泻

如病人吃下的中毒食物时间较长(超过两小时)，而且精神较好，可采用服用泻药的方式，促使有毒食物排除体外。用大黄、番泻叶煎服或用开水冲服，都能达到导泻的目的。

3.保留食物样本

由于确定中毒物质对于治疗来说至关重要，因此，在发生食物中毒后保留导致中毒的食物样本，以提供给医院进行检测。如果身边没有食物样本，也可保留患者的呕吐物和排泄物，以方便医生确诊和救治。最后，应报告景区，并追究相关责任。

四、自然灾害事故

俗话说："天有不测风云"。导游带团，有时会遭遇到不同的自然灾害。为了确保旅游者的生命财产安全，应做好预防工作，以便在事发时从容应对。

自然灾害分为如下几种类型：

气象灾害。主要有干旱、暴雨、雷电、洪水、台风、寒潮等。

地质灾害。主要有地震、滑坡、泥石流、崩塌、地面塌陷、地面裂缝等。

海洋灾害。主要有风暴潮、海啸、海浪、海冰、赤潮等。

生物灾害。主要有病害、虫害、草害、鼠害等。森林火灾和草原火灾也属广意的生物灾害。

（一）洪水

洪水是形成洪灾的直接原因，洪灾是世界上最严重的自然灾害，一般以夏季居多。因此导游在带领旅游者到山地、河湖游览时，若遇暴雨或前一天下了暴雨，要特别注意洪灾的发生。

1.洪水灾害的预防

（1）为避免在游览中受到洪水的侵袭，导游应在出发前收听气象台的天气预报，尤其是汛期的天气预报，当听到气象台发出的红色预警(3小时内降雨量将达100毫米以上，或者已达100毫米以上且降雨可能持续)或橙色预警(3小时内降雨量将达50毫米以上，或者已达50毫米以上且可能持续)时，应对景区内的山区、河湖或低洼地区的游览采取相应的措施，和旅游者协商并征求其同意，适当调整旅游项目。

（2）为应对突然遭遇到洪水的侵袭，导游平时应学习一些应对洪水的自救和救援知识。

2.遭遇洪水时的应对

（1）不要带领旅游者去危险地带，如电线杆和高压线塔周围，危墙及高墙旁，河床、水库、沟渠等地方。

（2）带领旅游者迅速离开低洼地带，选择有利地形，将旅游者转移至地势较高的地方以躲避洪水。

（3）若躲避转移没有及时完成，导游应带领旅游者选择较安全的位置等待救援，并用自备的通信器具，不断地向外界发出求救信号，以求及早得到解救。

（4）设法稳定旅游者的情绪，若离开原地要采取集体行动，不要让旅游者单独离开，以免因情况不明而陷入绝境。

（5）利用手机迅速报警，将旅游者受洪水围困的地点、人数和所处的险情报告清楚，请他们迅速组织人员前来救援。

（二）泥石流

泥石流的发生时间短、成灾快，难以进行预测，洪水夹杂着沙石滚滚而来，破坏性极大。导游在带团的行程中，应密切关注当地的天气预报，对在大雨天或连续阴雨天的山区旅游项目，要同有关部门联系变更日程安排，并注意不要在暴雨刚停时带团赴山区或经过山区旅游。

1.泥石流出现的征兆

（1）遇到河沟、河床正常的水流突然断流或发生瀑泻，并夹带有较多的柴草、树木，水质混浊时，可表明上游已发生泥石流。

（2）遇有河谷深处突然变得昏暗，并伴有轰鸣声或有轻微的震动感，可确认上游已发生了泥石流。

2.泥石流发生时应采取的紧急措施

泥石流发生时，导游要迅速组织旅游者逃离危险地带。

（1）带领旅游团向山坡上坚固的高处或连片的岩石区快跑，不要停留在山坡下的房屋、电线杆、河沟边和低洼处，也不要攀爬到树上躲避。

（2）逃离时要尽量与泥石流的流向成垂直的方向奔跑，切勿与泥石流同向奔跑。

（3）不要带领旅游者停留在泥石流附近土质松软处或土体不稳定的斜坡上。

（4）组织旅游者快跑时，要提醒他们扔掉一切妨碍速度的物品。

（5）到达安全地带后，要立即与景区有关部门联系，汇报情况请求援助。

（三）台风

台风发生时，不仅有强大的风暴，而且夹带着暴雨，其危害性也很大。导游在季节性的台风地区带团时，一定要听每天的天气预报，做好应急准备。

（1）如果听到当地气象台发出了台风预报，导游应与地陪商量对旅游活动日程做适当的变更。

（2）如果在湖边或低洼地区旅游时遇到了台风，应尽快带领旅游者远离躲避。

（3）若正在旅游车内，应马上提醒司机将车开到景区地下停车场或其他坚固的隐蔽处。

（4）台风过后不久，不要马上离开景区躲避处，因台风的"风眼"在上空掠过后，往往平静不到一个小时，风又会从相反的方向再度横扫过来。

（四）地震

我国是地震多发的国家，强度大的地震瞬间可造成巨大的人身和财物损失。地震造成的伤害主要有：因口鼻被沙土掩埋造成窒息；各种创伤，如砸伤、骨折、出血、内脏损伤、挤压伤等，伤口发生感染；触电、煤气中毒、烧伤等。景点导游在带团中如遇到地震，应根据景区所处场合采取如下措施：

1.室内可采取的避震措施

（1）从地震开始到房屋倒塌，一般有10至15秒钟的时间，如在平房或楼房一层、二层，可利用这段时间带领旅游者迅速转移至室外开阔地。

（2）如在高层，应立即告知旅游者可躲到结实的家具或内墙角处或卫生间内，头部尽量靠近墙面，并用软物品保护住头部。

（3）不要躲在阳台、窗边等不安全的地方或不结实的桌子、床下，在场馆或商场购物时应迅速就近蹲下或躲在坚固的柱子、大型物品旁，要避开玻璃窗、广告灯箱和高大货架等危险物。

（4）不要紧靠电梯，不在楼道躲避。

（5）不要逃出后又返回房中取财物。

2.室外可采取的避震措施

（1）室外遇地震，应带领旅游者迅速跑到空旷场地蹲下，尽量避开狭窄街道、高大建筑、玻璃幕墙建筑、高压线、电线杆、路灯、变压器、广告牌、悬挂物等危险物处。

（2）湖（河）边遇地震，应迅速组织旅游者远离湖(河)岸。

（3）乘车途中遇地震，迅速让司机将车开往空旷处停车，并告知旅游者抓牢座位，降低重心，避免摔倒，不要让旅游者跳车，而应在地震后有序撤离。

学习收获：

学了这个项目，我的收获是：

学习评价：

评 价 表

内容	分值	自我评价	小组评价
游客个别要求的处理	10		
游客不当言行的处理	10		
旅游投诉的处理	10		
游客走失的预防与处理	15		
游客遗失物品的预防与处理	15		
游客患病预防与处理	20		
旅游安全事故的预防与处理	20		
总评			
建议			
星级评定： ★（59分及以下）★★（60~69分）★★★（70~79分） ★★★★（80~89分）★★★★★（90分及以上）			

第六章

湖州景点
导游讲解范例

学习目标:

　　旅游景点美不美，不仅要靠景点本身的吸引力，更要靠导游人员的一张嘴。作为导游人员工作的重头戏，景点讲解工作将充分展现导游人员的才华与魅力。导游要做好景点讲解，除了要注意讲解内容的知识性、真实性、思想性和健康性外，还要注意景点讲解的常用方法、注意事项的讲解技能，从而形成具有自身特色的讲解风格。

学习任务:

　　某一旅游团，将逐日游览湖州的三县两区的著名景点，请你整理好导游词，用专业的导游服务技能，做好接待。

第一节　吴兴区景点导游词

（一）莲花庄公园

各位游客：大家好！欢迎游览湖州城区最大的园林特色公园莲花庄公园。我是导游人员×××，很高兴为各位提供讲解服务。请允许我代表莲花庄公园景区感谢各位的莅临！

据湖州府志记载，历史上的莲花庄系元代大书法家赵孟頫的私家别业。宋朝末年，赵孟頫曾祖父赵师垂从今天河南的开封迁移到湖州。赵师垂系宋代皇室后裔，在此大兴土木建造庄园，当时称"新兴郡国园"。到了赵孟頫时，因其喜欢莲花，在园内修葺了荷花池，就将此园改名为"莲花庄"，因赵孟頫曾被拜为翰林侍读学士，故又被称为"学士庄"。莲花庄是赵孟頫童年读书之处，成年后也经常回来度假休息，晚年回湖州后一直生活于此。莲花庄在明代还保存完好，但清末被毁，仅留下遗址。

我们今天参观的莲花庄公园是在1986年根据历史记载修复。并将毗邻的清代湖州著名藏书家陆心源先生的私家别墅"潜园"划入，连成一片，于1987年正式对外开放的。整个莲花庄公园占地112亩，其中水域面积占1/3，分为西、中、东、北四大景区。

各位游客，接下来请跟随我进园参观。这是莲花庄的西区，各位请看右手边一间宽6米。半踞池面的水榭，名叫"青弁居"，匾额由著名书法家郭仲选书写。关于"青弁居"的名称还有一段来历：赵孟頫的外甥王蒙是元朝四大书画家之一，他曾经以湖州的弁山为主题画了一幅"青弁隐居图"。王蒙创作好此画后先拿给舅舅赵孟頫鉴赏，赵孟頫认为莲花庄水榭周围风景可以和王蒙的"青弁隐居图"相媲美，于是就将水榭取名为"青弁居"。水榭外空旷的水域名为"芙蓉洲"，古称"白苹洲"，曾是赵孟頫夫妻俩泛舟湖上，欣赏落日的地方，也是中秋佳节夫妻俩赏月，品茗之处。现如今更是整个公园西区景色最佳之处。

接下来请随我往左边走。各位请看，眼前的石碑上刻的就是《吴兴赋》全文，是按赵孟頫手书《吴兴赋》真迹放大雕刻而成。赵孟頫20多岁创作此赋，是其早期文学的代表作。全文900字，描述了湖州的地貌、历史和旖旎风光。49岁时，时任江浙儒学提举一职的赵孟頫将此赋创作成书法作品。在《吴兴赋》碑一侧的回廊内拓刻着赵孟頫与其子的书画作品，其中最具特色的是赵孟頫所画的《吴兴山水清远图》和其子赵奕所写的《吴兴山水清远图记》。这一图一记充分表达了父子俩对湖州的深厚感情。

各位游客，现在我们来到的是莲花庄的核心区域——中区。左手边有一个土山，山顶上有幢两层楼阁的建筑叫"题山楼"。因此楼是赵孟頫妻子在庄园内经常逗留的地方，故又称"管楼"。说到这里，各位肯定很好奇赵孟頫的妻子管道升是何许人也？为何在此有一幢以其姓命名的楼呢？说起这位"管夫人"，她可是我们湖州历史上数一数二的才女。她是湖州德清县人，自幼研习书画，笃信佛法，二十七岁才嫁赵孟頫为妻。她诗、书、画样样精通。管道升尤其擅长画墨竹和佛像，曾在此楼上作有著名的《山楼绣佛图》，此楼的名称也因此画而得名。各位请看，楼柱上有一副楹联"赏湖山吴兴无双，品书画楼主第一"，这是著名书画家张辛稼先生对湖州山水的朴实评价和对管夫人书画艺术成就的高度肯定。

请随我继续往前走，现在我们进入的这间书斋叫称"松雪斋"。这个书斋是以赵孟頫的号来命名的，这里是他年轻时练习书画、挥毫泼墨的地方。那么赵孟頫是怎么样的一个人呢？赵孟頫，湖州人，宋太祖赵匡胤十一世孙，曾经应召入仕，后来官拜至翰林学士，授荣禄大夫，期间多次滞留湖州、杭州等地。他博学多闻，诗文书画极为精湛，他的真、行、草书无不冠绝古今，自成一体。也成"赵体"，与颜真卿、柳公权、欧阳询并列为"颜、柳、欧、赵"四体。在绘画上，赵孟頫也是元朝一代泰斗人物，山水、花卉无所不精，许多作品被海外博物馆、美术馆珍藏。他于1322年去世，死后追封为魏国公，与其妻管道升合葬于德清县洛舍镇东衡里。各位请看这里有一副楹联，上联是"儒雅风流一时二妙兼三绝"，下联是"江山故宅青盖碧波拥白莲"。上联的"二妙"指赵孟頫夫妻，"三绝"指他们夫妻的"诗、书、画"。下联明为描写和赞扬重建莲花庄后的景色，实际上"拥白莲"是对他们夫妻高尚品德的赞扬。

出了松雪斋，看到在它的左边有一处与回廊相连接的亭子，也是用赵孟頫的号命名的，称"鸥波亭"。据说这里视野开阔，最能激发创作灵感，赵孟頫许多作品都是在这里创作而成的。现在请各位向我手所指的方向望去，在松雪斋的对面有一座太湖石垒成的假山，山上有一座小亭，名曰"芝亭"，与管楼遥相呼应。呈现在大家眼前的就是整个莲花庄最核心的一块水域，这里载满了莲花，所以称为"莲池"。这里是莲花庄风景最优美的地方，尤其是在夏天，莲花盛开，若在"莲池"边小憩，泡上一壶安吉的白茶，茶香、花香、微风浑然一体，是何等的惬意。

下面各位请随我到莲花庄的东区参观。左边的这个亭子叫"天工图画"，是两个连在一起的亭子组成，俗称"双亭"。这里还有个关于赵孟頫夫妇的故事：赵孟頫40至50岁这十年间正是他官场得意的十年。年近半百的赵孟頫萌生了纳妾的念头。一天，他做了一首词给管夫人，词之中写道"我为学士，尔做夫人，岂不闻陶学士有桃叶桃根，苏学士有暮雪朝云？我便多娶几个吴姬越女，无过分。"

意思是说陶渊明和苏东坡都有两个小妾，我也是赵学士，娶一个不过分吧。管夫人看后并没有像有些女子一样"一哭二闹三上吊"，也没有忍气吞声任由丈夫纳妾。聪慧过人的管夫人回了一首《我侬词》给赵孟頫，词中写道："把一块泥，捻一个尔，塑一个我。将咱俩个，一起打破，用水调和，再捻一个尔，再塑一个我。我泥中有尔，尔泥中有我，我与尔生同一个衾，死同一个椁！"意思是将一块泥捏一个你，捏一个我。将捏好的泥塑打碎用水调和，再捏一个你和我，那么我中有你，你中有我，你我生睡同一张床，死睡同一口棺。赵孟頫读后哈哈大笑，口吟"生同衾，死同椁，夫复何求？"从此再也不提纳妾的事。我们这位聪明的管夫人用短短的几句话，简单的一个比喻尽述衷肠。赵孟頫为了纪念这件事情，特请人建此"双亭"以作纪念。

随着脚步的前行，现在我们来到了莲花庄的后花园——潜园。潜园位于莲花庄的北区，现在我们看到的就是清光绪初年清代四大藏书家陆心源的私家花园，最早叫"陆家花园"，陆心源辞官回湖州后，潜心著书，自称"潜园老人"，所以花园改名为"潜园"。现在我们来到了潜园的中心区域，也是潜园最精华的部分。首先映入大家眼帘的是用各式各样太湖石堆砌而成的假山，周围嶙峋奇突的五块太湖石最为著名，称为"五峰石"。在如意池旁边，有一座高3.8米，宽约1.25米独立高大的太湖石，特别引人注目，此石玲珑剔透、亭亭玉立，似一朵即将盛开的莲花，故名"莲花峰"。莲花峰可是太湖石中的精品，可不要小看它哦。它就是莲花庄的镇园之宝"莲花峰"了！相传莲花峰原为赵孟頫别业"松雪斋"中的宝贝，上面刻着篆书"莲花峰"三个篆字，为赵孟頫手迹。

此为陆氏献书碑。又称"圣旨碑"。光绪年间，四大藏书家之一陆心源向国子监捐献藏书150多种，2400多卷，受到朝廷嘉奖，陆心源恭录圣旨刻碑纪念。

各位游客，莲花庄公园的游览就到此结束了，欢迎再次光临。

（二）飞英塔

各位游客大家好！我是导游人员×××，很高兴为各位提供讲解服务。现在我们眼前的这座古塔就是湖州三绝之一的"塔里塔"——飞英塔。它以独一无二的建筑结构、精湛的雕刻艺术和意蕴丰富的佛教文化，被誉为中国古塔的一朵奇葩。

在唐咸通年间（公元860年~公元874年），有一位名叫云皎的僧人，到长安游历，遇到僧伽大师，"授以舍利七粒及阿育王饲虎面像"。云皎回到湖州后，为了保存佛教的这两件珍宝，于唐中和四年（公元884年）开始建造佛塔，历时10年。到了北宋开宝年间（公元968年~公元976年），传说塔顶突然出现神光，于是又建造了一座木塔，将石塔罩住，就形成了国内仅有的"塔里塔"的结构。以佛家语"舍利飞轮、英光普现"而起名为"飞英塔"。

由于飞英塔附近一带都是比较低矮的建筑，而更显塔的高大。那时又没有避雷设施，所以到了南宋绍兴八年（公元1138年），塔遭到了雷击，不仅外塔被毁，且内塔损坏严重。但幸"舍利无恙"，之后重建外塔。当时是南宋端平元年（公元1234年），所以现在大家看到的塔是用宋式营造法建造的。元、明、清三代也曾多次修缮，后因年久失修，长期漏损，塔顶突然于1929年倒塌，内塔被砸毁。此后又经历了半个多世纪的风雨侵蚀，飞英塔已是残破不堪，岌岌可危。一直到了1982年，国家拨款数百万，对飞塔进行了复原大修，于1986年底竣工历时五年。现为全国文物保护单位。

　　各位朋友，大家首先看到的是飞英塔的外塔，七层八面，高55米，在每个塔檐上装饰着垂兽。塔身采用的是砖木混砌结构，也称楼阁式塔。大家请抬头看，外塔的内部构造非常奇特，四层以下中空，每层都有挑出的平座连通塔身的外面，上设栏杆游廊，层层都有塔檐，内设盘旋直达顶层的扶梯，除转角位置，其余扶梯窄小陡峭，仅可以一人通过。整座外塔内外设计精美，使游人在登高过程中，内可饱览石塔精华，外可俯瞰湖城风光。若逢天高云淡的好日子，登高远眺，向北可见烟波浩渺的太湖，向南可与道场山上的多宝塔遥遥相望。上面三层都有楼面，六层底架设有十字交叉的千斤梁。承受27米高的塔心柱。

　　外塔斗拱用材硕大，规格很多，也是飞英塔的一大特色。其中二层内平座下的斗拱采用"上昂偷心造"，在现存木结构中是非常少见的，像这种斗拱建筑一般常见于庙亭，而古塔建筑只见记载，尚未有实例。所以我们可以自豪地说，飞英塔填补了我国古塔斗拱结构建筑史上的空白。

现在我们再来欣赏塔之精品：内塔。呈现在我们眼前的这座石塔就是被传藏有佛舍利子的舍利石塔。可能朋友们会问，这座石塔怎么会如此残破不堪呢？刚才我们已经向各位介绍过了，由于飞英塔年久失修，在1929年，外塔塔顶倒塌了，石塔也被砸毁。虽然在1982年国家拨款进行了修复，但是文物修复有一个原则，那就是"整旧如旧"，飞塔能复原就复原，不能复原的地方就以加固为主，因此飞英塔的修护实行的是"外塔复原，内塔加固"的原则。

现在残存的石塔高15米，五层八面，是南宋真迹。石塔各层腰檐、平座、斗拱等建筑构件型制规整、雕刻精细，都符合宋代《营造法式》制度。其中石刻斗拱，采用偷心造，形式非常古老。塔身的砖角雕刻成梭形轮状的倚柱，覆盖式的柱础。这种做法除宁波保国寺大殿外，已很少见到。

大家看须弥座的最下层雕刻的是云，云的上面是海，海里有巡海的夜叉。请仔细观察海有没有边沿？答案是没有。佛语说："苦海无边，回头是岸"。

这就是须弥山，佛经上说，此山最大。佛、菩萨、罗汉等都居住在须弥山，让我们找一下，须弥山上洞穴禅窟里，到底有多少位高僧。找到了吗？其实这是一幅非常有名的《云山佛海图》。

我们再来看须弥座的束腰，束腰上雕刻着狮子群像。传说释迦摩尼出生时，一手指天，一手指地，作狮子吼。佛家就把狮子誉为佛的神威。这八只石狮造型生动，呼之欲出，更难得一见的"母狮仰卧斗幼狮"，尤为妙趣横生。每一组石狮都由两头狮子组成，一雄一雌，一头是中国狮子，另一头是印度狮子，形象说明了佛教在传入中国后的融入和发展。

须弥座上方雕的是"海石榴化生图"，每面均有两个化生童子隐匿其中，还有虎鹿、猴等动物藏于枝叶之间，时隐时现，妙趣横生，反映当时风调雨顺，国泰民安的繁荣景象。整座须弥座构图严谨、线条圆润、流畅，体现了湖州石刻匠人的高超技艺和艺术风格。

其实整座石塔不仅雕刻精美，而且还是一件宗教艺术的精品。你们看，整座石塔各个层面都有佛龛，佛龛内都雕有大幅佛教故事。

第一层正南面是一幅释迦牟尼涅盘石雕像。在树林的背景下，释迦向右卧于七宝床上，众弟子举哀。佛家传，释迦摩尼是佛教创始人，世称佛祖。他原是太子，29岁出家，经过苦苦修行于35岁那年在菩提树下顿悟成佛，创立佛教。传道45年，80岁涅盘。这一幅石雕是根据唐朝一代文豪王勃的《释迦如来成道记》，由湖州工匠创作的。石雕正面在举哀的众弟子，有的掩面而泣，有的捶胸顿足，有的长吁短叹。一只狮子痛苦得四脚朝天，另一只狮子趴在七宝床前，瞻仰遗容不愿离去，石雕上刻的祥云中有摩耶夫人，后面还有两个侍女执仪仗扇。佛祖的大弟子迦叶拱手作礼，正在告诉摩耶夫人释迦已逝世。

第一层的正北面是一幅地藏王菩萨的佛像。右手执禅杖，左手托钵，钵中化出一佛，水中有朵莲花，莲花上又跪一佛，这里讲的是"莲花生佛"的故事。

第二层的正南面是泗州大圣菩萨雕像，泗州大圣即僧伽。飞英塔建造的缘故，是僧伽授予云皎和尚七颗舍利及阿育王饲虎面像。塔藏舍利，所以也叫"飞英舍利塔"。传说僧伽是观音化身。请看这幅佛像，菩萨一手执净瓶，一手执杨柳枝，两侧有侍者，近世观音都是女相，塔上泗洲大圣立像为男相，举国罕见。

第二层的正北面是一扇半掩的门，这就是舍利塔之门。

第三层的正南面雕刻的是一座四肋士佛像，释迦佛端坐上方，左右是佛祖的两大弟子：迦叶尊者和阿难尊者，下面是普贤菩萨和文殊菩萨。

第三层正北面，雕刻着多宝如来和释迦如来，合掌者为多宝如来，说法者为释迦如来。根据佛经记载，释迦牟尼在灵鹫山上说法，听者1000尊，神志肃穆、虔诚。那么这整座石塔到底有多少个佛像呢？一共是1048尊佛像，反映的都是《妙法莲华经》的精髓。

第四层的正南面雕的是西方三圣石雕像，阿弥陀佛居中，左侧为观音菩萨，下半部为七宝莲池，中有孔雀、白鹤，莲座上跪着八个善男信女，表示已被西方三圣拯救到西方极乐世界。

第四层正北面是一幅大悲观音像，由于采用的是"曹衣出水"的雕刻手法，形态优美，出神入化。请看他脚踩荷叶，手拿佛珠，全身呈一字形。头戴天冠，天冠中立有佛像（阿弥陀佛），这就是"天冠化佛高千里，念报慈恩常顶戴。"观音菩萨宏愿要免除世上众生一切苦恼，称为观世音。

古往今来，许多文人墨客对飞英塔的赞赏题咏不绝。宋代大文豪苏东坡在湖州任太守时，曾两次登上飞英塔，留下了"忽登最高塔，眼界无穷大。卞峰照城郭，震泽浮云天"的赞叹。这首诗也证明了飞英塔当时已可登塔，且高可望见太湖，规模非凡。

下面请各位登塔，欣赏这件石雕艺术珍品，同时来领略一下"梯飚直上几百尺，服饰层云鸟背过。千里湖光秋色净，万家灯火夕阳多"的感受吧。大家登塔请注意安全。

（三）中国湖笔博物馆

各位游客大家好！我是中国湖笔博物馆的导游人员×××，很高兴为各位提供讲解服务。中国湖笔博物馆位于湖州莲花庄路，于2001年9月建成开馆。建筑外观歇山顶卷棚，飞檐翘角，亭廊楼榭皆为仿古建筑。湖笔博物馆是集湖笔历史文物排列、工艺流程展示、精品博览和销售于一体的地域特色传统文化博物馆。

中国传统书写用具笔、墨、纸、砚，号称"文房四宝"，而湖笔就是中国毛笔精品的代表，湖笔自宋末元初起开始名闻天下，在之后长达700多年的历史中，湖笔始终居中国毛笔之冠的地位而无动摇。

明代曾担任广西右布政使的谢在杭所著《西吴枝乘》一书中，称湖笔"毛颖之技甲天下"，是对这一中华传统工艺名品的最精辟、概括的赞誉。这支重达250斤的巨笔是2001年开馆之初所制，上面的笔管部分是景德镇的青花瓷，这幅图就是元代大书法家赵孟頫的《吴兴山水清远图》，笔管上的词则是2001年请我国著名词人乔羽先生创作的《湖笔颂》，每一个字都取自赵孟頫的书法作品。下面的笔头采用50斤麻棕毛制成，被称为"世纪之笔"。

首先，我们了解一下中国毛笔的源起。根据考古资料，在新石器时代早期仰韶文化的陶器上，绘有许多彩色花纹，这些花纹线条匀称，笔触较宽，很像是用毛笔一类的工具涂画出来的。因此，可以判断当时已出现了毛笔的雏型，时间应当在距今五、六千年以前。现在能见到的最早的毛笔实物，是1954年从长沙左家公山15号楚墓发现的。这支毛笔是将动物毛裹在笔杆上，用细丝线缠绕再涂漆胶固定住的。此外在战国时的玉盟书、木牍上，都有用毛笔书写的文字，可见当时用毛笔已经比较普遍了。秦代前后毛笔有了重大革新，开始将笔杆一端掏空，将笔头纳入管腔中。

一九七二年出土的"白马作"笔是迄今为止发现的最早刻有名号的古代毛笔。1931年在西北地区古居延泽（今甘肃省额济纳旗一带）发现一支毛笔，笔杆一端被劈成六片，笔头夹在中间，用细麻缠束。它的最大特点是笔头用坏后可以脱卸和更换，人们把它称为"汉居延笔"。

　　两晋、南北朝时期，笔管的用料开始多样，有用金、银、琉璃、象牙等贵重材料做笔管的。这些情况，在王羲之的《笔经》中都有提到，不过，王羲之还是反对用这些贵重材料做笔管，认为笔管还是轻一点为好。

　　唐代出现了一种"鸡距笔"，这种笔笔头又短又硬，样子象"鸡距"，就是鸡脚最上面的那个脚趾，所以叫"鸡距笔"。

　　从南宋开始，宣州陷入多年的战乱，宣笔制作逐渐衰落。南宋又迁都杭州，政治、文化中心南移，这就给离杭州很近的湖州善琏镇的制笔业带来了机遇，从此中国毛笔开始了湖笔时代。

　　这个沙盘勾勒出了湖州的版图，湖州是一座具有二千多年历史的江南古城。地处杭嘉湖平原，80%以上的耕地是旱涝保收的高产田，是浙江省和全国的粮食、蚕茧、淡水鱼、毛竹的主要产区和重要生产基地。湖州是中国蚕丝文化、茶文化、湖笔文化的发祥地之一。在市郊钱山漾遗址出土的蚕丝织物，是迄今为止发现的世界上最古老的蚕丝织物。长兴顾渚山曾建有中国历史上第一座贡茶院，是"茶圣"陆羽进行茶事活动的主要场所。被列为"文房四宝"之首的湖笔产于湖州善琏，在湖州东南约七十华里，善琏历来归属湖州，所以称作"湖笔"。善琏生产毛笔至少从隋代就开始了。

　　有关古籍记载，隋代大书法家智永在善琏永欣寺研习书法三十多年，和当地笔工常有交往。智永用秃了的笔就有"十瓮"，他把这些没用的笔埋起来，做了个坟，称为"退笔冢"，可见对笔的感情之深。

　　中国毛笔包括湖笔，到了清代可说是五花八门，种类繁多。特别是乾隆时数量尤其多，其中大部分是湖笔。到乾隆晚期，因为宫中藏笔实在太多，所以朝廷专门下了一道诏令，让各地按例进贡毛笔的数量减掉一半。据说，目前在故宫博物院所藏的清代毛笔，还有两万余枝。

　　这是一支款式独特的笔，称为"经天纬地"四头笔，一个笔套中藏有两枝双头笔，清代文人沈初所著《西清笔记》中，提到这是浙江进贡的湖笔。

　　这支由清代善琏笔工贺莲青在北京开设的贺莲青笔庄所制的精品湖笔，上面刻有"义"字，系五

枝套笔"仁、义、礼、智、信"中的一枝，为清宫旧藏真品。这是曾任张学良卫队副官赵欣伯，在1931年从张学良手中得到的，后传给他的儿子赵吉，2009年5月，赵吉先生献给了本馆。我们查阅了日本收藏家公森仁《三清书屋·笔》一书，其中正登录有贺莲清同类套笔中的"仁、礼、智"三枝，可以相互印证。这枝笔经百年流离而回到制作者的故乡湖州，既是一大幸事，也是一段佳话。

从清代初至民国，善琏笔工纷纷走向全国各地开设笔庄。这些笔庄一般都由创始人姓名为字号，以前店后坊形式经营，大部分产品还是来自善琏。其中比较著名的有：北京的李玉田、贺莲青、戴月轩，沈阳的胡魁章，天津的虞永和，上海的李鼎和、杨振华、茅春堂，苏州的贝松泉、陆益元堂、杨二林堂，湖州的王一品斋、钟三益等。还有两家外地人开设的著名笔庄：上海周虎臣，是江西人周虎臣的后代所开；杭州邵芝岩，邵芝岩是浙江慈溪人，但这两家店主要也经营湖笔，所用坐店的笔工也是善琏人。

传统湖笔品种按笔头毛料，主要分为羊毫、兔毫、狼毫、兼毫笔等四大类。按毛笔规格区分，有楂笔、斗笔、提笔、屏笔、联笔、对笔及大楷、中楷、小楷笔等。传统常规品种多达100余种，解放后不断增加，达到200余种。这里展示的是现有湖笔企业生产的主要品种。

总的来说，湖笔制作的主要工序有笔料、水盆、结头、蒲墩、装套、择笔、刻字，其中还有大量的小工序，总计大小工序达100余道。

笔料工序：就是分拣笔毛的工序。羊毫要分出十几个等级的笔毛料，兔毫要一根一根地分拣，根据颜色、长短归类。

水盆工序：把笔毛料加工成半成品的笔头，是湖笔制作最复杂最关键的工序之一。从古到今水盆操作全是女工，故又称为"水盆娘娘"。水盆操作又细分为"羊毫水盆"和"兼毫水盆"两个工种，各司其职。（器具介绍：水盆（瓦盆）、竹圈、骨梳、车刀、盖笔刀等）

结头工序：也叫扎毫，水盆做好的半成品笔头经过晒干，然后送到这一道工序进行结扎。（器具介绍：油灯、松香、敲笔尺等。）

蒲墩工序：对笔管用竹梗原料进行检验、分选的工序，因旧时笔工是坐在一个蒲墩上进行操作的，故而得名。

装套工序：在笔杆上挖孔，把笔头装入其中的工序。旧时代还包括制作套笔的笔帽，现在基本上都用塑料笔套了。（介绍器具：压板、车砧、装套刀、车刀、断刀、墩头等）

择笔工序：又称为修笔，是把笔头正式安装黏结在笔杆中，然后对笔头进行最后的毛毫整理、笔头成形的工序。是湖笔制作最重要、最关键的技术之一。择笔以男工为主，也有少量女工。择笔也专门分为"羊毫择笔""兼毫择笔"工种，一般不兼职，只有极少数技艺高超的，才能兼任两项。分工精细，也是湖笔技艺的特征之一。

刻字工序：在笔管上刻字的工序，主要是笔的品种及生产单位名称，根据需要，有的要刻写诗句、纪念性文字等。

"一部书画史，半部在湖州"。湖笔作为中华工艺宝库中的珍品，千百年来受到无数名人、大家的喜爱和称颂。中华人民共和国成立以来，许多党和国家领导人及文化名人都喜用湖笔，并以诗文赞美湖笔。在国家的许多重要政治、文化活动中，都印记着湖笔的踪影，写下了湖笔历史的新的光荣一页。

湖笔博物馆的参观到此结束了，希望通过我的介绍，能够给您留下有关湖笔的深刻的影响。

（四）赵孟頫故居旧址纪念馆

各位游客，大家好！欢迎参观赵孟頫故居旧址纪念馆，纪念馆在1994年被湖州市政府以赵孟頫名义列为市级文保单位，2003年正式更名定义为赵孟頫故居旧址，纪念馆2009年上半年动土新建，于2011年正式完工。整个纪念馆目前是湖城最大的仿宋古建筑群，整个展览分2个展厅5个单位进行展示。

这里是第一展厅，整个展览的展标是"鸥波无尽"，这寓意着赵孟頫的人生理想以及艺术理想绵延不断之意。

这是以赵孟頫的吴兴清远图为背景，赵孟頫书写的吴兴赋。当时面临宋元易祚，赵孟頫借助吴兴的山川地理来表达自己的胸襟和志向。

这是赵氏世系表，展现了整个赵氏家族的发展史。赵孟頫是宋太祖赵匡胤的第十一世孙。四世祖赵伯圭（崇宪靖王）"受赐吴兴"故而整个赵氏家族便定居于吴兴。

赵孟頫年幼丧父又适逢宋元易祚，对年幼的赵孟頫打击很大，丘夫人勉学励志，母亲的叮嘱影响了赵孟頫的人生走向。这幅画是瓯江里的泥做的瓯塑，产自温州。东晋南渡以后，吴兴一地的经济文化开始兴盛。由此产生了以钱选为首的吴兴八俊，"八俊"中赵孟頫为青年晚辈。赵孟頫的父亲去世后，14岁的赵孟頫以父荫补官，但并无实际官职，19岁那年他参加国子监考试，试中后，成为"真州司户参军"。

这是湖州博物馆馆藏的赵孟頫书法刻帖的原石，也是纪念馆的镇馆之宝。

三幅磨漆画再现了赵孟頫第一次赴元廷的场景，赵孟頫是一个受争议的人物，他是宋世贵胄，但元世祖忽必烈非常赏识他，多次请他出仕为官，赵孟頫被其诚意所感动，于是出仕元廷，旁边两尊塑像展现的是元世祖忽必烈与赵孟頫第一次见面的场景，据说忽必烈被他贵族文人气质所惊叹，从椅子上站起来，称他为神仙中人，第三幅画中带红帽子那位是右丞相桑哥，当时北京大地震，他却增加赋税，鱼肉百姓，这令赵孟頫看不下去了，联络当时左丞相叶李与之抗争，最后取得了斗争的胜利，同时赵孟頫厌恶了宫廷斗争，请求外放，远离朝廷。

这是杭州著名画家池沙鸿先生为我们纪念馆画的赵孟頫与管道升你侬我侬琴瑟和谐的场景。赵孟頫的一生只有一位夫人叫管道升。他曾想娶一位青楼女子为妾，于是告诉了妻子这个想法，管道升得知后便以一首我侬词来回应赵孟頫，赵孟頫看到这首我侬词后被深深打动，决心不再纳妾。

"鸥波"是一种诗意意象，即鸥鸟在水面上飞翔嬉戏激起水波涟漪的图景想象，表达自由闲适的生存状态。背景传说是赵孟頫与管道升合作的鸥波亭图，欧波亭在旧居之北，是赵孟頫平时吟诗作画的场所。

这幅画是赵孟頫画贵古意的代表性作品，画的是济南秋天的景色，画了济南胜地鹊山和华不注山，故取名为"鹊华秋色图"。左边像鸟巢的是鹊山，右边两峰冒尖的华不注山。赵孟頫画这幅画有两个原因，一是为了安慰好朋友周密对家乡的思念，二是为了存留自己任上的所见所思。

旁边的杨载跋文就是对鹊华秋色图进行的题赞。杨载是元代的大官僚，也是赵孟頫的学生，跋文中提到"诚羲之之兰亭，摩诘之辋川也"羲之是王羲之，王羲之有兰亭序，摩诘是唐代诗人王维，王维有辋川图。他将这两幅著名的作品与赵孟頫的鹊华秋色图相媲美，可见这幅图的艺术境界之高。

这幅是秀石疏林图，是赵孟頫以书法入画的代表性作品，提拔中写到石如飞白木如籀，意思是石头运用的是飞白的画法，树木运用的是篆书，题尾"若也有人能会此，方知书画本来同"这句话对于后世文人画影响至深。

1299年赵孟頫称病回江南休养近5年，年初为自己画了一幅小像，这幅画长24㎝、宽23厘米，我们纪念馆这幅是放大的。图中赵孟頫为自己的头巾取名为渊明巾，因为他很欣赏陶渊明那种悠然自得的生活，这幅画青绿设色，白衣，我们依稀可见赵孟頫当年的英容神情。

这是曹操的儿子曹植所写的浪漫主义名篇，赵孟頫的一生曾经多次书写，这一卷是赵孟頫的行书代表作。画的是纯水墨山水，描绘的是朋友钱德钧隐居地方的风光，此图在流传过程中有50多人题跋，1770年乾隆帝在巡幸江南时，曾携此画觅真景，结果真的寻到感慨万千，这幅画也是黄公望晚年巨作《富春山居图》的渊源。

赵孟頫自幼酷爱画马，画中的千里马非常肥大，不能像上面两匹那样驰骋沙场，只能在宫苑里活动，这是赵孟頫自我解嘲的一个象征。

在仁宗朝十年的宫廷生涯中，赵孟頫奉命作乐府颂词四章，并将四章乐府颂词归于一卷，名为《万年欢曲卷》当时赵孟頫的楷书已形成自己特有的流利和精神，遒媚中透着雍容的书法成了当时大元朝皇家风范中一道最亮丽的色彩。

56岁那年赵孟頫奉命从吴兴北上前往大都也就是现在的北京，值得一提的是伴随他北上的宝物，是浙江南浔一位独孤和尚赠送的一卷古拓本《定武兰亭》，在一个月的舟车劳顿中，他时时揣摩这本天下第一行书佳帖，写下了兰亭十三跋，后来，兰亭十三跋也是研究赵孟頫书学思想的重要文献，它也成为了"兰亭序"这一经典的一部分。

赵孟頫入朝一年多时间，就深受仁宗赏识，封赵孟頫官爵至一品，并加封他的夫人为魏国夫人。

赵孟頫做了10年的江南儒学提举，在当时名声威望非常高，仁宗皇姐大长公主筹备皇室典藏机构（葵章阁）时都要借助赵孟頫的才学、眼光及文坛名望，今称元四家之一的黄公望、倪云林及其外孙王蒙等都自认为是他门下的小学生。

管道升是位绝代才女，琴棋书画样样精通，特别擅长画竹，她的这幅墨竹图非常有名，后世将她这幅图与赵孟頫及儿子赵雍所画之竹合裱在一起称《赵氏一门三竹图》，为艺坛添了一段佳话。

赵孟頫有两把心爱的古琴，一把叫松雪，一把叫大雅，松雪斋就是以其中一把琴命名的，这里主要是赵孟頫吟诗作画的地方，后面投影所展示的是我们湖州唯一一幅赵孟頫真迹《归去来辞》，目前在收藏湖州市博物馆。赵孟頫与妻子管道升，儿子赵雍、赵奕，外孙王蒙都是当时的大书画家。管道升去世三年后，赵孟頫也郁郁而终，后将两人一起藏在湖州德清县东衡山，东衡山现已经是国家级文物保护单位。

1987年国际天文组织将赵孟頫与蔡文姬、李白、白居易等历代书画家名字分别命名为水星上的环形山，让他名传天外。

我们的参观即将结束了，感谢大家的聆听，希望通过我的介绍，让大家进一步了解湖州的这位文化名人——赵孟頫。

（五）仁皇山景区

各位朋友，欢迎来到湖州市区最大的景区仁皇山景区。我是导游人员×××，很高兴为各位提供讲解服务。

"山从天目成群出，水傍太湖分港流，行遍江南清丽地，人生只合住湖州。"湖州市是环太湖地区唯一因湖而得名的城市，是一座具有2300多年历史的江南古城，素有"丝绸之府、鱼米之乡、文化之邦"的美誉，宋代便有"苏湖熟，天下足"之说，是湖笔文化的诞生地、丝绸文化的发源地、茶文化的发祥地之一、有"一部书画史，半部在湖州"之说。湖州的仁皇山是一座历史文化悠久的山脉。仁皇山原名凤凰山、仁王山。它作为历史文化名山的弁山之余脉，与城南道场山遥相呼应，藏风聚气守望湖城，在湖州历史上地位崇高。

古人云："峰开凤翅、秀出湖州"，这里是湖州宜居、宜文之典范。自两晋以来不断有名人在此隐逸交游，有唐代两位皇帝赐额仁王寺、项王庙的遗迹，历代名家吟诵诗赋不绝……现在大家看到的仁皇山景区是2011年10月1日正式对外开放的，整个景区占地325公顷。其中山地占77%，平地占23%，主峰仁皇山海拔高约211米。景区可概括为：一阁（仁皇阁）、一寺（仁王寺）、一街（民俗文化街）、一园（文化创意园）、十大景点（仁皇晨曦、仁梵晚钟、凤台飞云、平湖远眺、凰味听泉、山水清音、水岸花秀、香雪梅灿、枫坞花绚、曲竹石幽）、十大特色植物区（梅花坡、桂花雨、樱花林、荷塘月、竹林风、杜鹃溪、枫林霞、山茶径、桑梓园、菰草田）和十二国会所。

现在我们所在的地方是景区的东大门。站在入口处仿佛置身于江南园林之中。首先映入大家眼帘的是一幅山水大盆景。门口用黄色假山石垒积起一座小山，山上竹木繁茂，山中流水潺潺，好似一幅缩小版的仁皇山。假山后是两座江南石拱桥，桥背弧度较大，好似沙漠中骆驼的背一样。跨过石桥，沿阶而上，脚下可以看到一个个浮雕，上面雕刻着形态各异的十二生肖图，你看那老鼠，活泼灵巧好像正在逗游客玩呢，再看那老虎，双目圆睁，正印证了"虎视眈眈"这个成语。

现在我们看到一座石雕人像，像高约2.5米，体型硕大，相貌威严，头戴流冕，大家猜猜此人是谁呢？这位就是中国封建王朝的第一位皇帝——秦始皇。

为什么会把始皇的像放在这里，他和湖州有什么关系呢？据宋代嘉泰《吴兴志》记载："仁皇山旧名凤凰山，以山形似凤也，故相传秦始皇以山有王气，凿其颈，今通舟为山河。山之首在南，号砺山。"相传秦始皇出巡，路过湖州，因见湖州凤凰山地形似龙飞凤舞，又有妙喜、栖贤诸峰，如执笏御屏，有天子气，特命人将其颈凿断，为两山。"凤首"为砺山，又名腊山，与仁王山隔水相望，因多有磨刀砺石，又称砺山。可见古代人们就对这座山充满了好奇。穿过秦始皇像，展现在我们眼前的是一幅大型的地雕作品。作者将湖州三县二区的主要景观和人文物产通过雕刻的手法表现出来，向我们展示湖城的特色。在地雕图后面是东大门主体建筑——神仙阁。神仙阁以彩绘的形式，表现了古代皇帝梦仙，希望成仙的场景，在左右两边分别刻画了中国人最喜欢的福禄寿喜等众仙形象。

从东大门往南走，是华东地区最大的青少年活动场所——青少年拓展园。园区中有近二十种拓展项目，还有水上跑道、过五关等水上运动项目。园区利用原有低洼湿地，建设以水生植物为主题的花园，保留原有水田格局，种植水生花卉。形成以"秀"为特征的水花园。再往前是文化创意园，建筑面积约1万平方米。建筑功能和形式紧密结合，安排有文化创意论坛、创意酒店、艺术画廊、艺术拍卖、创意制作工坊和创意度假村等。和创意园紧邻的是休闲一条街，建筑面积约6000平方米。创意园采用街道形式，白墙青瓦，硬山顶为主，特别富有水乡风情和风韵。

在休闲一条街旁边大家看到的建筑是景区的南大门，也是景区的另外一个主要入口，这里有上山的石台阶可以直上山顶，俯览全市。南大门边有一个寺院，叫仁皇寺。现在大家看到的是20世纪80年代修建的仁皇寺，古寺原址位于凤凰山南麓，原名护国仁王院，又名仁王禅寺，名称源自《佛说仁王护国般若波罗蜜经》。唐肃宗李亨御书寺额，一作唐懿宗咸通年间（公元860年～公元873年）赐护国仁王院额。此后，历代屡有兴废，清顺治年间愚绝禅师改建大殿禅堂。周围百姓对此寺院相当信奉，每当初一、十五总有大批香客前来祭拜。

由南大门沿主干道往前，就进入了山水清音景区。景区利用原有低地和鱼塘，沟通、整合形成集中"湖湾"，让山更秀，水更清。现在大家往湖中看，游船往来其间，鸟儿飞掠湖面，池中蛙声一片，好一幅乡村休闲图啊！在山水清音中还利用矿坞、山脚台地、水边半岛建设"十二国会所"，总建筑面积约5万平方米。建筑采用世界各地典型建筑形式体现异国风情。具体建筑形式有来自：德、法、意、英、西班牙、荷兰、芬兰、罗马、奥地利、东南亚、阿拉伯和日本等国家，体现了中西文化的交流和碰撞。

山水清音边的西入口就是直接上山的车行道，行程大约10分钟左右，转过十来个弯，我们就能到达仁皇山的山顶，也就是海拔211米的制高点了。到达山顶首先跃入眼帘的是仁皇阁，凤凰山原有楼阁，早年已毁，现在看到的是2010年湖州市重建的仁皇阁，设计采用仿古（宋）的江南风格的楼阁式建筑，巍峨耸立，古朴庄重。建筑总高57米，为明五层暗七层，总建筑面积约5600平方米。请大家和我一起登上仁皇阁。登仁皇阁，向南可俯瞰湖州城，向北可远眺太湖，湖州胜景一览无余。

仁皇山景区还有很多项目在建设中，在不久的将来我深信景区将会越建越漂亮，景观越建越丰富，同时也希望游客多来仁皇山，感受湖州日新月异的变化。

（六）陈英士故居

各位嘉宾：大家好！欢迎来到陈英士故居，我是导游人员XX，今天由我带领大家参观。

陈英士故居位于湖州白地街五昌里，是典型的坐北朝南的清末江南传统民居建筑群。它与现代广场相邻，和新落成的湖州市全民健身中心隔苕溪路相望。

大家眼前的这座清末的传统江南建筑群，故居的主人公陈英士就在这里出生以及成长，他的两个侄子陈果夫、陈立夫也出生于此。

在大家所在的右上方，看到的是陈英士故居的门楣，门楣上的五个大字是由国民党荣誉主席连战先生题写的。

请大家顺着我的手势往前看，这里有一座庄严威武的陈英士的戎装立像。这是根据1911年他在上海担任沪军都督时候的一张照片为蓝本创作而成的。

下面就请大家随我一起到里面参观。

现在我们所在的位置，是陈英士故居的序厅，"英士雄魂"是展厅的展标。在序厅的正中央的这位英俊而儒雅的男子就是故居的主人公陈英士。陈英士名其美，字英士，出生于1878年，1916年被袁世凯刺杀身亡，当时他年仅38岁，非常可惜。他的一生坚定地追随孙中山先生，为辛亥革命和武力抗袁做出了不朽的贡献。他的革命生涯只有短短的十年，但是这十年里，他却做出了很多人一辈子都无法完成的事业。下面就请大家随我穿过时光隧道，用一种倒推的手法，了解陈英士不平凡的一生。

现在我们进入第一单元，"风云涌动"。

陈英士出生于湖州的一个商人世家，他的家族明朝的时候从湖州的东林山迁居到现在的五昌里，这里有明朝永乐大典里面收录的一张湖州府城图。湖州由于水网交织，当时又有一个好听的名字，叫水晶宫，而图中标识的位置就是我们现在的陈英士故居——五昌里了。五昌里，是五世其昌的意思，因为陈家的先祖有连续五代都是当官的，陈氏家族也可以称作吴兴旺族了。下面就请大家随我一起来看一下陈氏家族的合影。

正中间的这位就是陈英士，他家里兄弟三个人，他排行第二。这位是他的哥哥陈其业，这位是他的弟弟，陈其采。下面两位就是陈其业的两个儿子一个是陈果夫，一个是陈立夫。陈英士旁边的这位，是他的夫人姚氏。下面请大家跟我到这边看一下。

这个橱窗里展示的我们在修复故居的时候发现的一些文物，其中这个铁质的保险柜是在陈家的阁楼上找到的，这是一个有密码锁的保险柜，在那个时代是非常稀有的。

这里我们看到的三张照片，就是陈氏三兄弟了。大哥陈其业，经营家族生意，也是一位慈善家。小弟陈其采文武双全,曾经到日本留学,后来担任了浙江省财政厅的厅长,还做了国民主计处的主计长。

我们看到的这张合影是张静江和陈果夫、陈立夫等人的合影。张静江是南浔的富商,也是同盟会的会员。他和孙中山、蒋介石的关系都很密切。(指出张静江、陈果夫、陈立夫的位置)

这个木结构的模型是陈英士故居的缩微模型,大家可以根据这个模型来了解一下故居的结构。

这边的两张照片是陈英士的两个儿子,他的大儿子陈骍夫考进中央航空学校,因为空难去世了,年仅19岁。小儿子陈惠夫后来去了台湾,在台湾的交通银行当副总裁。

下面请大家与我一起看一下这幅画。这是由陈英士的好朋友王一亭所画的陈英士8岁时候火中救人的小故事。陈英士与小伙伴在野外玩耍,一个小伙伴身上着火了,其他的小朋友都吓得逃走了,只有陈英士把他身上的火扑灭了,说明陈英士从小就有勇有谋。

下面请大家跟我一起来看这边的一组铜版画,这一单元讲的是陈英士在桐乡善长典当铺12年学徒生涯的经过。

现在我们看到的是辛亥革命前的社会局势,鸦片战争之后,中国逐渐地成为了半殖民地半封建社会,侵略者四处瓜分中国的土地。这时候,中国人民开始觉醒。湖州的丝绸和茶叶在当时举世闻名,湖州的辑里湖丝曾经荣获过伦敦第一届世博会的金奖。上海的第一家造纸厂、第一家缫丝厂、第一家商办银行,都是湖州人在上海开办的。陈英士在这个时候也离开了他做学徒的那个小镇,来到上海。

1906年,陈英士来到日本留学,在日本的时候,他认识了孙中山先生,并且加入了同盟会,正式成为一名革命者。这幅作品是陈英士写给他弟弟的家书,他的毛笔字写得非常漂亮。下面就请大家跟随我,进入第二单元——推翻帝制。

1905年,孙中山先生创立了同盟会,就是要让各种力量联合起来,共同进行革命斗争。1908年,陈英士在孙中山先生的指派下离开日本回到上海,他用记者的身份作为掩护,进行革命活动。我们看到的这组铜像,就是同盟会中部总会成立时候的场景。前面戴眼镜的是陈英士,中间穿马褂的是宋教仁,最右边的是杨普笙。

请大家随我来看这个照片墙。照片墙上是28位湖州的同盟会会员。其中除了有陈英士、陈果夫外,还有许多有名的人。如梁希是湖州双林人,也是新中国成立后的第一位林业部部长;钱玄同是五四运动的倡导者之一,这两弹一星元勋钱三强的父亲;张静江和王一亭都是非常著名的实业家(选择几个介绍)。

接着就请大家与我一起进入下一个展厅。

这堵墙上是孙中山先生领导的辛亥革命的历程,在辛亥革命中,陈英士最重要的作用就是领导了上海光复起义。大家看这里的一张合影,是光复前,陈英士和宋教仁在上海的合影。这个橱窗里,是光复时候所用的一些武器,部分还是自制的,说明当时的革命条件非常的艰苦。这边的一门大炮,是光复时候所用的。(复制品,原件保留在中国军事博物馆)

下面我为大家介绍一下这幅油画,这幅画描述了上海光复起义中最激烈的一场战役,攻打江南制造局。当时清朝在制造局派了重兵把守,陈英士率领起义者进攻了两次都没有把制造局打下来。为了减少伤亡,他就一个人到制造局里面希望能够劝清军投降。但是清军却把他扣押了,其他革命者知道后非常着急,连夜攻打终于在1911年11月4日将制造局打下来,救出了陈英士。这就是他们接陈英士出制造局的一幅画（中间穿白西服的人就是陈英士）。

由于陈英士在上海光复起义中所起到的作用，大家都推举他做沪军都督，相当于上海的市长。大家看到这张照片觉得眼熟吗？门口的铜像就是根据这张照片创作而成的。橱窗里展示的就是当时上海军政府发布的公告、护照和奖凭。这里我们看到的两张钞票都是国家一级保护文物，一张是金币券，一张是军用钞票，都是当时筹集的革命经费。下面就请大家跟随我到楼下参观，下楼梯的时候请大家注意安全。

现在我们进入第三单元——维护共和。我们看到的是一组由二维单片组成的走向共和的照片墙。正中间的就是民主革命先驱孙中山先生，两边的是他的左膀右臂，左边的是黄兴，右边的是陈英士。武昌起义之后，中国十七个省相继独立，临时政府随之成立。请大家随我到这边来看一下，这组照片是孙中山先生从日本回国，途径上海到南京赴任临时大总统，陈英士为他送行同时也是确保他安全的一组照片。我们这里也可以看到孙中山先生的大总统誓词，还有清帝的退位诏书。退位诏书里面提到的内阁成员有两位是湖州人，一个是胡惟德，一个是沈家本。

这边这个橱窗里有陈英士送给孙中山先生的照片，还有孙中山先生的遗像。南北议和之后，辛亥革命的胜利果实被袁世凯窃取，陈英士对袁世凯是非常不信任的，于是就有了陈英士和黄兴到北京观察袁世凯态度的时候，一张植树的照片。

袁世凯要复辟帝制做皇帝，他的倒行逆施引起了很多人的反对。1913年，袁世凯派人杀害了宋

教仁。宋教仁死后，孙中山先生从日本回国，开始组建二次革命。这里有一张袁世凯发布的悬赏令，缉拿黄兴和陈英士，赏金分别是5万和10万元，并且提到"不论生死，一体给赏"，说明袁世凯对他们已经是恨之入骨了。

二次革命失败之后，孙中山、陈英士等人流亡到了日本，开始组建中华革命党，准备第三次革命。这段时间是陈英士在党内地位最高的一段时间，通过这张照片可以看出，陈英士坐在孙中山先生的旁边，担任中华革命党总务部的部长。这边有中华革命党的党章和印章，有兴趣的游客可以看一下。下面我给大家介绍一张很有趣的照片，这是陈英士和戴季陶在日本岚山游玩时候拍摄的一张老鹰捉小鸡的照片（指出戴季陶和陈英士），非常具有生活情趣。

下面一个版块是陈英士人生的最后一段历程，成仁取义。这张是孙中山先生的得力干将范鸿仙的遗照，范鸿仙在上海组织反袁斗争，被袁世凯派人杀害。他牺牲之后，陈英士就来到上海继续组织反袁斗争。陈英士在上海主要做了两件事，一是在外白渡桥刺杀了袁世凯的爪牙郑汝成，另一个是发动了肇和舰起义。这些举动引起了袁世凯更大的仇恨，最终在1916年5月18日派人将陈英士刺杀。我们可以看到陈英士被害遇难后的遗照和血衣。

陈英士去世之后，孙中山先生非常伤心，他要求北洋政府为他举行国葬，政府以没钱为理由不同意，孙中山先生又发动大家集资，集了一万多元，在湖州的岘山建造了英士墓。这里的几张照片就是1917年5月，陈英士的灵柩运回湖州接受大家悼念的一些场景。而旁边的这堵墙上是写给陈英士的挽联和挽额。

这里的牌楼是从湖州南郊岘山的陈英士墓复制过来的，我们看到有孙中山、蔡元培和于右任等为他写的挽联和挽额。从1906年加入同盟会到1916年遇刺身亡，陈英士在孙中山先生民主共和的旗帜下，披荆斩棘，卓绝奋斗，他用自己的生命和热血向我们诠释了爱国精神的重要意义。

（七）铁佛寺

各位游客，欢迎来到省级重点文物保护单位，千年古刹铁佛寺参观游览。

首先请先允许我对铁佛寺做一个简单的介绍。铁佛寺原名开元寺，始建于南朝梁天监中，最初为尼寺，唐武德三年（620年）改为僧寺，至唐开元二十五年（737年）更名为开元寺，主要用于供奉唐明皇李隆基真容。但不知何故此寺经常遭受火灾，佛像多次被毁。后有唐高僧鉴真来湖州讲经受戒，开元寺的主持登门请教："怎样才能使开元寺免遭火灾，保住佛像呢？"鉴真说："用铁铸一尊观音像就能保平安。"于是本寺和尚到处化缘，一直到北宋天圣三年（1025年）才铸成铁观音。当然这只是民间传说而已。根据《吴兴志》记载："北宋天圣三年，有僧铸铁观音像置开元寺东南隅，号铁观音院。"可惜到元朝末年，开元寺毁于兵乱之中，仅存铁观音像。到明洪武二年（1369年）建寺移铁观音在此，改名西林铁佛禅寺。到明宣德八年（1433年）僧人县壁仿效古人，另铸了三尊铁佛，即"华严三圣"：毗卢遮那佛、文殊菩萨和普贤菩萨。但至清同治年间，又遭兵灾，仅存铁观音和三尊铁佛立在露天，同治十三年（1874年）重建观音殿。清光绪初年（1875年）又重建铁佛殿。解放后列为省级重点文物，曾对铁佛殿和观音殿进行大修。今天我们看到的铁佛寺是在2008年重新修缮的，新增了铁佛寺广场、山门殿、钟鼓楼及围墙等设施。

接下来请各位随我进寺内参观。首先我们来到的是铁佛寺的山门殿，殿正中佛龛中供奉着一尊佛像，他袒胸露腹，笑容可掬，这就是民间所说的大肚弥勒佛。出山门殿，左右两边分别是钟楼和鼓楼，古时寺庙用钟和鼓来计时，称为"晨钟暮鼓"。接着我们进入的这座主殿称为观音殿，各位请看这尊铁铸的佛像就是铁佛寺的镇寺之宝——"宋铸铁观音"。其身高2.15米，S型造型，脸部丰满，眉如新月，身体左侧低俯，目光和蔼下视，嘴唇微微内收，嘴角上扬，流露出一种慈祥、欢欣的微笑，两手自然下垂交叉于腹前，给人一种豁达大度、悠闲自若的感觉。整座观音造像，神情凝重妩媚，给人以亲切温柔之感，缩短了人与神之间的距离。由于建造于唐末宋初，因此她继承了唐代丰腴遗风，再加上采用的是"曹衣出水"的艺术手法，使得这尊铁观音神姿飘逸，体现了宋代清俊秀丽的风格。我们可以从这尊铁观音欣赏到"环肥燕瘦"美的真谛，这是一尊罕见的艺术珍品，曾被国际友人誉为"东方维纳斯"。

各位不知注意到没有，这尊观音像是赤足站在莲花座上，而整座莲花座是倒扣着的，也就是荷叶是向下的，为什么呢？因为我们这尊观音像是铁铸的，倒扣莲花座可以增大底盘面积，以承受这尊重达1.5吨的铁观音。各位朋友，这尊铁观音像还有一个奇特之处，就是每年一到梅雨季节，她就会满身香汗淋漓，但是只要门一开，风一吹就会干。因而经过900多年风霜而全身仍不锈蚀，原因就在于这尊铁观音像含有13种微量元素，像铜、锌之类，采用"石蜡浇铸法"工艺。可能细心的朋友已经发现，这尊铁观音像手指部分有点锈迹斑斑，这究竟是怎么一回事呢？原来在"文革"期间，多灾多难的铁佛寺也难逃此劫。三尊铁佛被投入炉火中熔化了，而铁观音像因被老和尚埋在泥沙堆里而幸免于难，只不过手指部分被砸坏了。

出了观音殿，现在我们进入的这个殿叫"大雄宝殿"，此处原是供奉三尊铁佛——华严三圣的铁佛殿，可惜毁于"文革"中，现在看到的是1995年重塑的。各位请看中间这尊佛像就是佛教的创始人释迦牟尼，左右两边是释迦牟尼的两大弟子迦叶尊者和阿难尊者。其中年长的那位就是迦叶尊者，在佛祖涅槃后，迦叶尊者继续率领众徒弘扬佛教，后世称他为始祖。迦叶涅槃后，阿难尊者继续率领众徒弘扬佛教，后世称二祖。殿两旁就是人们所称的"十六罗汉"，在大乘佛教中则称为"十六尊者。"

在观音殿和大雄宝殿的中间还保留着铁佛寺中几件珍贵的文物，各位请随我参观保存较好的两件文物。各位请看右手边有一块石碑，石碑上的佛像是一尊大悲观音像，佛像是我国现代已故著名的湖州籍书画家谭建丞先生的墨宝。这是谭老先生在97岁高龄时画的，这幅画在继承"张家样"手法上，又融合了唐朝吴道子创的"吴家样"，那裙衫衣带在微风中轻轻地摇曳，颇有一种静中欲动，"吴带当风之感"。这是现存于世的谭老比较珍贵的一幅画。

在大雄宝殿一侧有一石柱，别看这石柱不起眼，它却是佛寺中最珍贵的文物——"唐代经幢"，为什么这么说呢？原因一：年代最悠久。经幢是从南亚大陆传入的古代佛教标志物，从唐高宗后期开始盛行，大多是密宗所有，到了北宋年间，随密宗的衰竭而逐渐减少。而这座经幢建于唐武宗会昌三年即843年，距今已有1150多年的历史。原因二：经幢不仅刻有尊胜陀罗经，而且还记载了佛教的兴衰史。幢身刻有"会昌三年十月九日建，至会昌五年六月十七日准敕废，至大中元年十一月二十八日重建"。揭示了唐代皇室斗争、朋党之争及佛教随之兴废的历史。

各位游客，铁佛寺的介绍就到此结束，接下来各位可以自由参观，感谢各位。

第二节　南浔区景点导游词

（一）小莲庄

　　各位游客：大家好，欢迎参观南浔古镇。我是导游人员×××，常言道：游遍江南九十九，不如南浔走一走。希望通过我的讲解，能让大家喜欢上这座极具魅力的江南古镇。

　　在进入景区游览之前，我先向各位介绍下南浔古镇景区的概况：南浔古镇地处杭嘉湖平原北部，太湖之南，东与江苏吴江接壤，是湖州市接轨上海浦东的东大门。南浔镇历史悠久，南宋以来已是"水陆冲要之地""耕桑之富，甲于浙右"。那这座镇为什么叫南浔呢？这是因为当时镇上的主河道叫浔溪，最初此镇就以主河道命名为"浔溪"。随着商品经济的发展，在浔溪的南岸商贾云集，当时也有许多人将此称为"南林"。后来有人上报朝廷取南林、浔溪两名首字，改称"南浔"。南浔历来是一个蚕桑之地，清末明初南浔已经成为全国蚕丝贸易中心，民间有"湖州一个城，不及南浔半个镇"之说，南浔作为浙江雄镇，"附近遍地皆桑，家家样蚕，户户缲丝织绸"就是当时的真正写实照。在这个古镇上，有着号称"四象"的江南四大首富，以及拥有充满了民间嘲讽意味的称号"七十二只金黄狗"的豪门、财主。这是老百姓将南浔富豪的资产按照动物体格的大小进行排列的一种形象称谓。那拥有多少资产的富豪才能称得上"四象、八牛、七十二只黄金狗"呢？按照当时的标准，资产达千万两白银以上称之为象，五百万到一千万两白银称之为牛，而一百万到五百万两者称之为狗。

　　在南浔古镇不仅可以感受江南水乡的风情和小桥流水人家的韵味，而且还能让大家感受到南浔深厚的文化底蕴和别具一格的西洋风情。下面就请各位随我进入古镇景区。

现在走进的就是国家级重点文物保护单位、南浔"四象"之首富刘镛的私家园林"小莲庄"。它始建于1885年，完工于1924年，历经刘家祖孙三代人40年时间。主要由义庄、园林、家庙三部分组成，其中园林以近10亩的荷花池为中心。

左边四面厅的建筑，取名"静香诗窟"，当时是主人和文人雅士们吟诗作对的地方，因两个藻井一个为升状，一个为斗状，在建筑学上堪称海内孤本，所以又俗称"升斗厅"。因为中国历史上的典故"才高八斗"，所以有人戏说这里是衡量人的才华的地方。古人云：非王公之居，不施重拱藻井。这充分表现了刘氏家族的奢华和地位之尊。

左手边的这幢小楼，因为可以看到太阳东升，所以叫"东升阁"，它是一幢中西合璧的建筑。这边只能看到中式立面，待会儿我们还可以看到欧式的立面。大家都知道，封建社会的时候，一般大户人家，女子们是不能随便抛头露面的，所以这楼也是她们当时观赏小莲庄景色的地方，是名副其实的"小姐楼"。

转身"小姐楼"对面，有一个90°角亭子，因形状如展开的折扇，所以称"扇亭"，如果您留意，其实小莲庄的每一个亭子的形状都是不同的。

我们现在往里参观刘家精华部分——家庙，家庙前还有两座保存完好的"御赐牌坊"。一座就是积善牌坊，另一座为"钦旌节孝"坊。两座牌坊都集浮雕、镂雕、透雕、圆雕四大雕刻于一体，是系光绪、宣统两代皇帝颁旨而建的。牌坊高8.5米，宽5.6米，为门楼式，五楼四柱，雕刻精湛。有"状元及第""刘海戏金蟾""武松打虎"等传统戏曲题材，龙、凤、狮、麒麟、蝙蝠等吉祥图案也雕刻其中，具有较高的建筑艺术价值。乐善好施坊是由于当时四川、安徽等地闹饥荒，刘家曾出资赈灾，后来地方官上奏，就建造了这样一座牌坊。钦旌节孝坊是为守节的刘氏家族女性所立的，从中还可以了解到中国历史上曾经有过的那沉重的一幕。

走过贞节牌坊，里面是刘家义庄，现在是"叔蘋奖学金成就展览馆"。请大家随意参观。

现在我们接着往园林参观，现在您见到的就是俗称小姐楼的正面了，它是用红砖材料砌成的。小姐楼向前，我们现在来到的是退修小榭，退修是指退而思之修身养性的意思，这个亭子是主人夏天休息的地方。

出了小榭，现在我们看到的是小莲庄的主体部分——园林中心的10亩荷花池。整个荷花池因为形状好似以前盛水的水瓢，所以又称"挂瓢池"。池的北面有柳堤，六角亭掩映在绿柳翠竹之间，富有典型的江南水乡园林风格。面对整个荷塘，夏天的时候是赏荷的好地方，中间三百六十度的园亭，对面是六角厅，前面还有一座曲桥因主人是二品官，所以是五曲的曲桥。

出了后花园，现在看到的这棵树就是小莲庄的百年紫藤，当年刘镛买这块地就是因为这棵紫藤和野生的荷塘，因为他认为这是一块会大红大紫、紫气东来的风水宝地。

各位游客，现在大家从正门进入，引入眼帘的"小莲庄"三个字是由郑孝胥题的，名字因主人仰慕赵孟頫的园林莲花庄而得名，因莲花庄占地112亩，而此园只有27亩地，所以取名"小莲庄"了。

接下来我们即将要参观的是曲径通幽的内园。内园建于1924年，是小莲庄最后建成的部分，主人凿井栽林，叠石成山，内园小巧玲珑，独具匠心，与外园宏阔壮观形成对比，相映成趣。

（二）嘉业藏书楼

各位游客，现在我们来到的是刘家的私家藏书楼——嘉业藏书楼。创始人是刘承干，楼主刘承干是四象之首刘庸的嫡长孙，因为他的伯父刘安澜英年早逝没有儿子，他就被过继给了刘安澜。等到刘庸死后刘承干以"承重孙"的身份顺理成章的继承了刘氏家业。但是他却不善于经商，只喜欢读书、藏书、印书。他在上海收购了大量的书籍后，于1920年动工，1924年完工在刘氏共同财产小莲庄旁边建立了嘉业藏书楼。当时花费了12万两银子，共20亩地，分为书楼和园林两个部分。

现在我们看到的是藏书楼的门楼，门楼上的"嘉业藏书楼"五个大字是由书法家刘廷琛所题。其中藏字少了几画，是楼主故意少掉的，并不是错别字。刘承干觉得自己虽然藏了这么多书，但是世界上的书是藏不尽、读不完的，他希望他的后代也能继续藏书、读书，所以就把藏字少了几画。

走进门楼，在这边的是刘承干的一些介绍。他1881年出生于南浔，1963年在上海去世，享年82岁。刘承干是个成功的藏书家和刻书家，他花费了20年的时间，用去30万两白银，共收藏18万册60万卷书，并建造了这座藏书楼来保护这些古书籍，为我国保护古书籍做出了重大的贡献，我国的边境线麦克马洪线的资料就是在这里找到的。可惜的是主人不善经商，刘家于1933年家道中落。为了维持书楼的存续，他先卖掉了5万册书，而后又慢慢卖掉了一些书籍，现在的二楼只留下了11万册书，就如他自己所说的"自我得之，自我失之"。到了1951年，主人主动把书楼捐献给了国家，当时由浙江图书馆来接收，现在这里是属于浙江图书馆的一个分支机构。

我们往右边来参观的是宋四史斋，因为这里珍藏了四本书的雕刻版，分别是《史记》《汉书》《后汉书》《三国志》，这些刻本都是用红梨木雕刻的，因此保存时间较长，这边像两块山水画的大理石都是天然花纹，上面是圆的，下面是方的，象征着天圆地方。南浔富户林立，1919年的时候就通电了，所以大户人家很早就从国外买进吊灯。这里顶上的吊灯就是当年从法国进口的，这在当时可是绝对的奢侈品。而当年主人装吊灯也是因为怕蜡烛会不小心把书籍烧掉，才装了吊灯。从宋四史斋出来，大家现在看到的就是嘉业藏书楼的整体建筑，整座书楼呈一个巨大的"口"字形，砖木结构，为中西合璧的两层楼房。

大家看藏书楼中有个大大的天井足有三百多平方米，这在一般的江南院落当中是很少见的。所以我想考考大家，这么大的天井它的作用是什么？就是用来晒书通风的。大家再看面向我们的所有栏杆和窗户有什么特别的地方？窗户上全是"嘉业藏书楼"几个字；上面的栏杆上是希古二字，下面的栏杆上是嘉业二字，这些铁栏杆都还保存着原貌，因为当时有电但是没有电焊技术，所以都是用铆钉连接的。大家再来看看天井里的"秘密机关"。正对着我们的这几根白色的柱子，看看能不能发现里面的玄机。这几根柱子可就厉害咯。可以说是一柱多用，大家仔细看看上面的屋檐，所有的雨水都会顺着柱子里面的管道流到地下，同时柱子又起到了装饰美化和分担屋顶压力的作用。

大家现在看到的正厅被称为"嘉业厅"，上面悬挂的九龙金匾上书"钦若嘉业"四个大字，嘉业指的是美好的事业，对刘承干来说他的美好的事业就是藏书、建书楼了。这块九龙金匾是由宣统皇帝所赐。因为刘承干捐了大笔钱为光绪皇陵种植树木。可惜的是上面没有时间落款，因为赐这匾的时候已经是民国3年。当时傅仪当然不甘心用民国的年号，所以上面就没有留下时间。因为他年纪小，那个时候不能题字故而是由自己的老师陆润庠题写的。这里是当时刘承干接待贵宾的地方，里面的这组清式家具全部由名贵的红木做成，是目前南浔镇上保存最完好的一组。

从正厅沿围廊返回，现在这个厅叫诗萃室，里面放着一本书叫《国朝诗萃》。正本是由刘安澜写的，副本是由刘承干写的。诗萃室旁边的过道两边陈列了一副刘承干亲笔所题的对联，上联是"汗青蠹（dù）简罨（yǎn）画帘栊怀抱向谁开对婵娟香寻古字"，主人刘承干一生好客大方，凡是；乐意来刘家看书的，主人都会免费提供吃住；下联是"雾阁云窗争辉金碧俗尘飞不到胜丝竹风响牙签"，刘承干爱好读书，觉得风翻书的声音比音乐还要动听。这副对联的木质是银杏木，上面的字是阳文的，是主人写好刻出后，用铁砂、墨汁、糯米、明矾四样东西填上去的，所以看上去很有立体感。回到门楼入口处，这边的橱窗里陈列了1949年周恩来总理关于要求保护好嘉业藏书楼的批示，所以藏书楼才能幸存下来。

大家请随我一起往外走，我们再去欣赏一下嘉业楼的第二个部分——园林。大家现在看到的这个荷花池周围是一圈太湖石，称为十二生肖石，但是由于经过多年的风雨的侵蚀，当年这里的太湖石十二生肖的形象已经看不到原来的样子了。你们有没有发现这里是没有围墙的，因为当时主人的设计是用河道代替了围墙，主要是为了取水救火，同时可以看到外面的景色，起到了借景的作用。走过园中的小桥，这里有一块当时的主人花了900两白银购买来的太湖石。石面有一小孔，你们要是有兴趣的话可以去吹一下，会发出虎啸一样的声音，因而起名为"啸石"。走过三曲桥，这个景点就参观结束了。

（三）张石铭旧宅

各位游客，我们现在来到的景点是江南第一巨宅——张石铭旧宅，它建于1899年，建筑面积6137平方米，楼下楼上共有房间244间。

张石铭原名张钧衡，祖籍在安徽休宁县。他是一位金石家，是西泠印社的发起人和赞助人之一，旧宅里有四种雕刻，被称为"小型的雕刻博物馆"。首先抬头看一下门楣上的砖雕，中间有四个字"世德作求"，是金石大师吴昌硕所作，他是西泠印社的第一任社长，是我们湖州安吉人。"世德作求"意思是一个人在世上要有所作为，有追求。两边墙上的四块石雕，分别代表"福、禄、寿、喜"。我们现在所站的地方是以前停轿子的，叫轿厅。以前前是乘坐轿子的，到了这里停下来，主人进去了，这两边的长凳就是供轿夫休息的地方。

请各位跟我到里面参观。

大厅叫懿德堂，是由甲午科状元张謇所写。"懿"是对妇女的尊称，张石铭的父亲很早就过逝了，家里都是他的母亲一手操持的，所以就取了这样一个名字，可以看出主人对他的母亲非常的尊敬。这里有一幅抱柱联："罗浮括苍神仙所宅，图书金石作述之林"，意思就是他们的房子很豪华，像神仙住一样。而主人的爱好是金石、碑刻、藏书。这幅对联是宣统皇帝的老师郑孝胥所提。

大家请跟我往里走，这是花厅，上面有一块匾额是康有为提的"以适其志"意思就是每个人要找到适合自己的道路，这也是主人的追求。康有为是和主人一起进京赶考的，两个人是同学，当时又一起参加"公车上书"，但后来戊戌变法失败后张石铭就对官场心灰意冷了，所以当时康有为就题写了这块板，送给张石铭，鼓励他走适合自己的道路。下面六块板屏是明代大书法家董其昌临摹"竹林七贤"刘伶的酒德颂，是抨击封建礼教的。右边的那口钟，已有100多年了，是从德国进口的，到现在上了发条还能走，钟在以前意思是不吉利的，所以在钟的对面放了一块屏风，用吉祥的话来说就是时时平安。

大家请看一下花厅的落地长窗，是东阳木雕，它的特点是立体感强，一刀成型，不回刀，而且不涂油漆，外面只涂一层桐油，这边就是记录着《西厢记》，第一幅是拷红，第二幅是夜下跳粉墙，夜会莺莺，第三幅做梦。

接下去我们往里面走，这边就是张石铭的简介，张家开始发家致富是从张颂贤开始的，他是从事丝业，辑里湖丝，设立公堂盐所以开始成为南浔四象之一，张钧衡是个儒商，他对房地产经营、股票、公债比较有见解，他的爱好是收藏金石，雕刻，藏书，他与吴昌硕等都是文墨之交。

我们刚刚看过了砖雕、石雕、东阳木雕，我们现在来看看已经绝版的玻璃雕。这种玻璃从法国进口，一两黄金一块，非常的值钱，值钱的原因是它的三大特点：100年不沾灰、不用擦；单面玻璃：从里面看得到外面，从外面看不到里面；每块花纹都不一样。这种玻璃以前这里有154块，现在只剩下73块，还有7块现在在法国。是当时先请人画好图案之后再送到国外定做的，这些图案都是花卉、瓜果、蔬菜，因为他母亲吃斋念佛，而正楼上就是他母亲的卧室。

在江南六个古镇中，只有我们南浔张家里面有接待女眷的内厅，一进来就可以感觉到这里的家具比大厅简朴，这些家具一个是比较小，另外也没有扶手，当时对女子要求是站有站相、坐有坐相。因为在封建社会女子的地位比较低，这里就可以体现出来了。

我们现在去看看他们张家以前吃饭的地方——芭蕉厅。我们看一下这些像木头一样的巴蕉，其实它是木头，榉木，外面的这层绿色是用珍珠粉、翡翠粉加上矿物质粉混合后涂上去的，所以不容易掉色，百年下来，颜色还是那么好看。这芭蕉上面的一个个小孔以前是镶嵌着绿宝石的，阳光一照，就像露珠一样，闪闪发光，这里的意境就是雨打芭蕉，后来主人一家举家搬迁就把宝石带走了。我们接着往前走，天井里面的这块石头叫"鹰石"，像一只展翅飞翔的老鹰，但头已经被毁掉了，下面的缸是太平缸，是整块青石凿出来的，放上水就是当时最原始的消防工具。里面是宴会厅，现在是余留梁钱币收藏展览馆，因为余留梁非常仰慕主人张乃骥，故而把收藏的钱币就放在张家展览了，这里以前是张家吃饭的地方，里面的柱子还有凹槽，以前是用屏风一个个隔开的，好像一间间的包间。值得一提的就是我们现在脚底下的地砖，是瓷釉砖，都是100多年前从法国进口的，保存得非常完好，耐磨防滑。

我们现在看到的是它的中式部分，接下来我们去参观它的精彩的欧式部分吧。

我们现在看到的是它的后花园，这棵白玉兰开得非常的茂盛，这是上海市的市花。我们看到的是白墙黑瓦的马头火墙，谁会想到里面包含着一座欧式小洋楼。而这两棵大树是已有160多年历史的广玉兰，每到花开季节，一朵朵白色的花朵非常的漂亮，这两棵树是不同的品种。我们现在抬头可以看到一座西洋楼是巴洛克风格，它有点像教堂，其实它融合了各种风格，上面的阳台是路易时期的风格，下面是罗马柱，这些红砖、铁栏杆、百叶窗、玻璃全部是当年从国外进口的。边上高高的墙把它挡起来，这个高是徽派建筑马头墙，墙的作用是防火、放盗、防人口舌，不会被人说是崇洋媚外，另外还有一个意思是不显富。

我们现在往里面走，这个舞厅据说是江南第一个私家舞厅，比上海百乐门舞厅还要早四十多年，上海百乐门是四象之一的顾家所建，但张家也有股份。我们现在看一下两边的壁炉，国外取暖都是用壁炉的；下面的地砖是法国乡村油画地砖，也是当时从国外进口的；中间这两根克林斯铁柱是起着支撑美观的作用，也是从国外进口的。

张石铭故居的游览已经结束了，希望大家有个美好的旅途。

（四）刘氏梯号

各位游客，现在我们来到了刘氏梯号，这里是当时南浔四象之首刘镛的第三个儿子刘安生的私家园林，刘安生是安字辈的，号梯清，故取名为刘氏梯号。但老百姓却称这里为红房子，原因是它里面的西式建筑都是用红砖砌成的。

接下来就来说说红房子的来历吧！据史料记载，元末华家在此建一园林，叫"小桃园"，清初最大的一个文字狱"庄氏史案"就发生在南浔，当时受牵连的达到数百人，庄家被满门抄斩，这儿也就被夷为平地。到了清末，刘梯清请了风水先生在这儿看了风水能不能建宅，风水先生认为这里建宅最佳，但血腥味较重，于是由风水先生破解，在1905年冬天开始破土，1908年完工。

整个建筑是中西合璧，雕刻颇多，房子线条简洁、高敞、布局通畅，是典型的江南豪宅。这个豪宅一进、二进在1937年被日军烧毁了。

现在所在的是刘家的三进，门匾上写的是"爽揖近辉"，这四个字是西泠印社吴昌硕先生所写，吴昌硕先生是我们湖州安吉人。我们现在往里走，这里就是刘旭沧作品摄影展，刘旭沧原名刘承东，中国近代著名摄影艺术家，曾担任上海摄影协会主席。刘旭沧1913年出生于南浔，从小爱好摄影，他把刘家发给小孩子每个月的糖果钱省下来买胶卷，向别人借了一部照相机，就开始拍起了照片。刘旭沧的作品是以人体摄影、静物摄影、风景摄影为主。我们现在参观的展厅是人体摄影，各位在这里能看到20世纪30年代的电影明星阮玲玉、陈云裳等人的照片，他的许多作品入选英法美等25个国家54项大奖。在这里还有许多当时的奖章。家乡人没有忘记摄影大师，他们在求恕里开辟了展览馆，来纪念他在摄影界留下的辉煌业绩。但由于现在求恕里在修复，所以把摄影展放在了刘氏梯号展览。

我们现在参观的展厅是风景摄影，这里有他当时拍摄的西湖、黄山、桂林山水等风景照片，他也是彩色照片的鼻祖。如果大家喜欢可以拍一下照片，现在请随我往里面走。这边就是当时的照相馆的陈设。我们现在来到了静物摄影的展厅，各位看到他的照片是不是有点油画的味道，因为他那时候拜访名师，虚心请教，刻苦专研，所以在他的摄影中运用了中国画手法，拍好黑色照片，然后再用绘画的手法上色，他的摄影别具一格，在20世纪30年代，他已经成为上海屈指可数的摄影大师。

现在我们来的这里是中式建筑融入到西式建筑的一个过渡段，如我们脚下的地板是中式的，整个楼梯的风格西式味比较浓郁，特别是花卉雕刻采用的欧式风格。接下来我们边走边看，抬头看的是西式的石膏吊顶，还有两旁的壁炉也是西式的，壁炉可以起到取暖的作用。两旁壁炉的中间有两扇移门，下装有滑轮，移门可以前后移动，两扇门拉开使得整个厅堂比较宽敞，关上就变成三个包厢。整个厅堂富有浓郁的民国风情，融入了西式建筑，形成了一厅两室。我们现在往这边走，大家脚下踩的地砖是百年前的马赛克地砖，五种颜色是一小块一小块拼上去的，至今还保存很完整，这个客厅又可以开家族聚会，可以说是一个多功能厅了，还有这儿的落地长窗上有许多七彩玻璃，又是法式建筑。

我们现在就来看看刘家西式建筑最为壮观的一面，大家回头看，满眼全是当年的红砖、西式栏杆和罗马石柱。为什么刘家的家里有那么多西式进口的建筑材料呢？这是因为主人刘梯清不仅是个文物收藏家，也是一个实业家，他曾与洋人合资在南方经营橡胶园，还经营祖传的钱庄典当。他在上海、杭州等有不少房地产，其家产是非常丰厚的。

大家再来看一下，这红楼的两侧都是高高的马头墙，为何主人把这么美丽、漂亮的西式建筑建在最里面呢？主要原因是当时的封建社会，主人为了防止老百姓骂他崇洋媚外。另外主人虽然钱多，但他为人低调，财不外露，这马头墙主要起到遮掩老百姓视线的作用。

再放眼望去，对面二层楼的中式建筑是当年刘家佣人所住，边上有一个后花园，当年还有一个网球场和奶牛场，还有一口钟，可惜在抗日战争年代被毁了，只留下一个荷花池。

我们现在来到一个走廊，这个百叶窗是当时留下来的，到现在还能用，在以前是被当做老师的员工宿舍。我们接着往前走，这里是封火墙，以前古代为了隔离火源，就会在两座房子之间用隔火墙隔开。我们接着往前走，这里是清醒书屋，2015年国学讲堂就在这里举行，这里还会举办各种夏令营。

各位游客，刘氏梯号的参观到此结束了，再次感谢大家的光临。

（五）张静江故居

各位游客，我们现在来到了一个国民党元老的家，今天来这里主要不是来看建筑的，而是来看资料和图片，来了解这位残疾人张静江的传奇人生。

我们现在来到的是张家的故居，它始建于1862年，完工于1874年，我们现在所站立的地方是轿厅。张家故居跟张石铭旧宅一样是徽派建筑，所以门楣上也有砖雕，相比之下，这边的雕刻比较粗糙，且受损严重，人物头像都没了，上面雕刻着郭子仪拜寿图，你们向上看，上面写着"世守西铭"，这个意思是希望张家世代都能守护这份辉煌的家业。

现在我们来到了正厅，匾额上面的尊德堂几个字是甲午状元张謇所写，现在我们眼前看到的一副对联是孙中山先生所写的："满堂花醉三千客，一剑霜寒四十州"，落款是静江二兄雅属，为什么叫他二兄？这是因为张静江在家排行老二，我们当地人称他为二先生，孙中山称他为兄长是因为尊敬他，并不是因为张静江年纪大。这幅对联也表达了孙中山想早日统一全国的心愿。接下来我们看到中间的一幅画，是吴昌硕先生在张静江父亲张宝善做大寿时候所画，画中间有一个像石头一样的是叫做南山，象征寿比南山高，红色的那些是天竹子，代表他的子孙满堂，硕果累累的意思。这边抱柱联写着"世上几百年旧家无非积德，天下第一件好事还是读书"，是两代帝（同治、光绪皇帝）师翁同和所写的，这幅对联是张家教育子孙后代的家训，大意是人生最重要的两件事，一是积德做善事，二就是读书，念书是最重要的。另一幅对联"立德践行当四科之首，懿文硕学为百氏之宗"为谭延闿所写。

我们现在来到的是张氏家族的世系表，下面这些是他小时候的照片，我们现在可以看到的一张照片是三女儿张芷英跟曾任江南铁路公司总经理周君梅的结婚照，下面一张是原配夫人，他们五个女儿里面嫁的最好的是四女儿张荔英，她嫁给了孙中山先生的英文秘书陈友仁，可是起先张静江是反对这场婚姻的。后来陈友仁亲笔写了一份信给张静江表明对他女儿的爱慕，最后在宋美龄的撮合下，张静江才同意了这门婚事，两个人婚后定居法国。从此脱离政界。我们现在看到的墓志铭是写给张宝善的，由蔡元培所撰，谭延闿所写，吴稚晖盖章，这也看出了他们对张静江的重视。接下来我们往下面走，看到的将是张静江的政治生涯。

进入到这里，往上一看上面写着：有容乃大，是儒商周庆云（张静江的姨父，是八牛之一，又称梦坡）所提，取自：海纳百川，有容乃大。

在这里看到的张静江的资料中，孙中山称他为中华第一奇人。张静江又名人杰，人杰取自李清照的生当为人杰，死亦为鬼雄，人杰是官场上面的名字。张静江别号又称卧禅，是因为他1930年退出政界后开始研究佛学，跟僧人打交道。从这张照片看出来他的腿并不是很好，他的残疾并不是天生的，而是有一次不小心从很高的烽火墙上摔下来，摔断了下肢，所以他从中年开始是坐轮椅的。我们现在看到这张照片是张静江患有眼疾时照片，但是他却是骑自行车的好手；旁边一张是孙中山与张静江的观潮照片，这个可以说是他为数不多的一张站立的照片，站立的原因是为了尊敬孙中山，他说过"在他面前是绝对不能坐的"，故而是站立拍摄的，我们也可以从照片中看到他们两个拿着相同的礼帽，说明了他们两个的关系很好；现在我们看到这张图片是她的原配夫人姚惠，她因在美国出车祸，死于1917年；下面一张照片是他续弦夫人朱逸民，他与朱逸民之间相差25岁；下一张照片是张静江抱着他的儿子，是在他46岁的时候有的第一个儿子；现在我们看到的这幅画画的是张家后花园，是由张充仁所画，张充仁是刘旭沧的老师，后花园后来被日本人所毁。

现在我们看到的"百练此身成铁汉，三缄其口学金人"是于右任手书，告诫张静江不要倚老卖老，少讲话多多锻炼身体，成为一个真正的硬汉子，中间写的丹心侠骨是因为他参加辛亥革命，孙中山称他为"革命圣人""中华第一奇人"，顾题写了"丹心侠骨"并赠之。中间那幅画是曾经是上海美院的院长谢公展用手指所画的。

接下来我们来到的是"毁家纾难"。一进里面，首先看到孙中山先生的两张照片，他跟夫人的合影全国也只有十一张，难得一见。张静江认识孙中山是一次很偶然的机会，两人坐了同一艘船去法国，张静江得知后便托人留给孙中山五个英文字母"A、B、C、D、E"，A表示五万，是说如果孙中山在革命经费上有任何困难，随时随地都可以找他。孙中山先生在东京创立同盟会的时候就想试试看，看他讲过的话可不可靠，所以就取了中间的C字，不出三天就收到了张静江的三万法郎，于是他亲笔写下了下方这个委任状，委任张静江为本部参仪。

在国共第一次合作的时候，张静江的排位在廖仲恺的前面，汪精卫的后面，胡汉民第一，张静江第三，而戴季陶，于右任都在后面，可见当时张静江的地位确实是元老级的。在这里我们还能看到孙中山先生的遗嘱，上面是由汪精卫做的笔录，宋子文做的鉴证，而这个扭扭曲曲的张字，就是张静江的签名，因为心情悲痛，所以连名字都没有写完，只写了这个张，而"革命尚未成功，同志仍须努力"这句名言，也是出自这份遗嘱。

接下来的是"扶持盟弟"部分，孙中山病逝以后，张静江就开始扶持年轻有为的蒋介石，曾经亲笔写信推荐蒋介石去广州，讨伐陈炯明。在经济上，蒋介石也常求助于张静如，这儿有一张蒋介石寻找张静江要钱财的字据。

在经济救国展厅中我们可以看到两张蓝色的图，一张是浙江长途电话路线图，一张是浙江电报线路图。张静江非常有远见，他觉得一个国家必须有了电才能发展，所以他办了很多电力工业学校，普及电方面的知识。这边的两个电报线路图就是在南浔镇的。

接下来我们来到的是客死异乡这个展厅，放置了张静江1930年退出政治舞台以后与僧侣共同讨论佛学的照片，还有一张照片是他眼睛不好已经完全看不到了，说明了他在最后几年是在黑暗中度过的，1950年，张静江因心肌衰竭在美国纽约去世。

各位游客，张静江故居的参观到此结束了，再次感谢大家的光临。

第三节　德清县景点导游词

（一）莫干山风景区

各位游客大家好！欢迎大家游览国家级风景名胜区莫干山风景区。我是导游人员×××，很高兴为各位提供讲解服务，欢迎各位的莅临！

在进入景区游览之前，请允许我向各位介绍下莫干山风景区的概况：莫干山位于德清县西部，珠峰海拔724米，总面积4400余亩。莫干山地理位置优越，位于杭嘉湖平原的德清县境内，南距杭州60千米，北距上海200千米、南京250千米、苏州145千米。因其独特的气候条件，早在20世纪初，莫干山就与庐山、北戴河、鸡公山合称为全国四大避暑胜地。我们现在看到的莫干山山体形成于距今约一亿年前一次强烈的构造运动，叫"燕山运动"，当时火山喷发，岩浆多次堆积，逐渐形成天目山、莫干山等山体。莫干山中心风景区占地2.95平方千米，以荫山街为中心，包括塔山、中华山、金家山、武陵山（屋脊头）、炮台山、馒头山等区域，方圆百里。

关于莫干山的来历，有着一个感人肺腑的传说。传说大约在2000多年前的春秋末年，当时诸侯争霸，战争频繁，吴王阖闾为了能在诸侯中称霸，广招能工巧匠铸剑。他听谁说莫邪、干将夫妇是造剑高手，于是便命令他俩在三个月内造出盖世宝剑。时间过得飞快，转眼三个月的期限就要到了，可是炉中的铁水沸腾，总是不肯凝聚。眼看期限将至，若造不成宝剑，全家都会被问斩。干将无奈地说出先师欧冶子每次都将女人投入炉中献给炉神以作为剑引而铸成宝剑。莫邪听后为保丈夫和孩子的平安，纵身跃入炉中，顿时炉水凝聚，炉中发出红光万道，炉底出现两把宝剑。这两把剑一把威力较强，一把威力较弱，称为雌雄宝剑，后人为了纪念将雌剑取名莫邪，雄剑取名为干将。莫邪、干将铸剑的地方，就是现在的莫干山，故山因此而得名。

莫干山以竹、云、泉"三胜"和清、静、凉、绿"四优"而蜚声海内外，赢得"天下雅秀""江南第一山"之称。莫干山云多、雨多、泉多，气象瞬息万变，四季如画，各具特色。莫干山不仅拥有秀丽的自然景观，而且拥有丰富的人文景观和建筑景观。19世纪末到20世纪初，美、法、英、德、俄等国传教士纷纷到山上建造别墅。现在山上有250多幢风格各异、造型美观的别墅。有中国古典式、西欧乡村田园式、欧洲中世纪城堡式，被誉为"世界近代建筑博物馆"。

由于莫干山的独特风姿，中华人民共和国成立前，蒋介石、汪精卫、张静江等国民党要员都曾到山上避暑。中华人民共和国成立以后，党和国家领导人毛泽东、朱德等都来过莫干山视察、休养。越南的胡志明主席以及许多外宾也曾经慕名上山休憩观光。

2012年莫干山被美国纽约时报推荐为全球最值得去的45个地方之一，入选中国旅游总评榜2012年全国最受游客欢迎的十大景区，大家到莫干山旅游一定会让你乘兴而来，满意而归。

各位，这里就是当年毛泽东主席曾经休息过的地方。此处原名皇后饭店，建于1934年，原业主叫蒋抑卮，为当时浙江兴业银行的董事长，也是鲁迅的密友。1954年3月，毛泽东主席在杭州主持制定中华人民共和国第一部宪法期间，由汪东兴等人陪同上山。毛主席当天就是在皇后饭店用午餐并午休的。毛主席返杭途中写下了一手七绝莫干山："翻身复入七人房，回首峰峦入莽苍。四十八盘才走过，风驰又已到钱塘"。虽然毛主席在莫干山逗留的时间并不长，但莫干山优美的风光深深吸引了他。现此处保留了毛主席当年休息过的房间、用餐的餐厅及陈设，以及党和国家领导人视察莫干山的史料照片。

下面我们来到的这条街道叫做荫山街，是莫干山上唯一的一条商业街，集聚了莫干山上的游客中心、商铺、文化会堂、邮局、英式咖啡馆、综合市场等。整条街道处于海拔约六百余米的高度，故有"天街"之称。这条街道环抱着剑池瀑布、荫山洞、华厅、天桥，上连芦花荡、观日台。荫山街恰似一条银色的带子，把远近的名胜紧紧揽住。

各位游客，现在我们来到的是芦花荡公园。芦花荡原名锣鼓堂，相传这里有一座寺庙叫金钟寺，寺内和尚做法事要敲锣鼓，所以叫锣鼓堂。大家请看前面的那个元洞门就是芦花荡公园的大门，门额上有"芦花荡"三个字，是著名的书法家费新我先生用左手题写的。进入大门沿着石阶往上走，正对面有四个字"清凉世界"，是湘人李铎所题，这四个字是对莫干山的真实写照。大家都知道，莫干山以避暑胜地著称，山上气温一般比上海、杭州等地低四至五摄氏度，最热的七、八两个月的平均气温是二十四点一摄氏度，室内日最高气温一般不超过三十三摄氏度。莫干山当地有"白天不用扇子，晚上不离被子"之说。

现在大家沿石阶往右走，我们去看看"陈帅诗碑亭"。碑上刻有陈毅元帅手迹"莫干好"全文。1952年7月陈毅元帅来莫干山看望张云逸，在芦花荡饭店88号楼住了半个月，把对莫干山优美环境的切身体验写成了七首"莫干好"，把莫干山"三胜""四优"的特点描绘得淋漓尽致。

各位游客：在我们正前方有一个雕塑，一老一少。老者是莫干山开山老祖莫元，那小女孩又是谁呢？且听我慢慢说给大家听：传说，春秋时有个太湖人叫莫元，40岁时娶了一个年轻貌美的妻子，10年后，生下一个活泼可爱的女儿。当时，瘟疫流行，为了避瘟去邪，莫元便给女儿取名莫邪。可好景不长，女儿未满周岁妻子便得病，因无药医治而死亡，莫元伤心极了，他立志学医，拜草药郎中为师，背着莫邪翻山越岭到各处去采草药。莫邪三岁那年，他来到了现在叫莫干山的地方，见到这里山青水秀，草药众多，就定居了下来。他以采草药为生，经常下山为人看病，为了增添芦根这一味草药，他从太湖移来几茎芦苇，亲手栽在水荡里，寒来暑往，芦苇满荡，两千年过去了，人们为了纪念他，在这浅水荡里，至今还种着几丛清丽的芦苇，荡边还有一眼泉水，叫"鹤啄泉"，有"莫干山第一泉"之称。此泉水系低钠、低碳化度天然矿泉水，含有多种微量元素和矿物质，被专家们称为"中国神水"。有兴趣的话，大家不妨品尝一下。

各位游客，接下来请随我游览莫干山的第一名胜——剑池。剑池据说是当年干将、莫邪夫妇铸剑的地方。现在我们看到的便是干将、莫邪雕塑，高约3米，莫邪、干将正在作炼剑状。也许有人会问为什么此山叫"莫干山"，为什么不叫"干莫山"呢？当然是有其得名的道理。一是因为莫邪为铸剑牺牲自己；二是因为莫干山的开山老祖是莫邪的父亲莫元，干将只不过是上门女婿罢了。所以莫干山并非夫妻姓氏的倒装，而是翁婿姓氏的先后排列，这是十分自然的，符合中国人的习惯。大家请看，那块黑褐色的巨石就是传说的当年的磨剑石，石上用篆体刻着"周吴干将莫邪夫妇磨剑处"十一个大字。过了阜溪桥，我们继续向前走。请大家抬头向上看，此处为试剑石，该石有两道断痕，一深一浅，为什么呢？事情是这样的，经过莫邪的牺牲铸成的两把宝剑，出鞘为二，入鞘为一，干将把它取名"雌雄剑"。剑铸成了，干将满心欢喜，但一提到妻子为此而作出的牺牲又十分悲痛，因此，他经常登上悬崖挥剑解闷。一次，他挥起双剑向一块巨石劈去，只听"嚓"的一声，巨石裂开两个口子，剑锋丝毫没有损伤，干将细看巨石，只见一道剑痕像切豆腐一样，既光又深，另一道却浅的多，干将悟得这是雄剑力大，雌剑力小缘故，于是把雌剑献给了吴王，而把雄剑藏了起来留为己用。

各位游客：随我继续游览剑池景区的第一大景观——剑池飞瀑。此瀑布瀑流似叠，腾娜多姿，是别处所不及的，阜溪桥上两股溪水会合，一股来自中华山，一股来自芦花荡。两股溪水合流后，水势增大，高二、三丈，形成瀑布，注入剑池之中，这是第二叠。瀑布注入剑池之后，稍一停蓄，水势益壮，于是临空直泻剑潭，为第三叠。剑潭而下，则束水人溪，形成一股短瀑为第四叠。自此，溪水淹没于竹木丛中，难以辨认它的行踪了。

观赏了瀑布后，我们再来看看摩崖石刻。这是剑池的一道人文风景，从中可以了解作者们的豪情壮志和对莫干山景物的赞美之溢。据初步统计，整个莫干山有34处摩崖石刻，大多数集中在剑池和灵鹊桥周围。在剑潭左侧悬崖上刻着"筼谷飞瀑"四个大字，笔势雄浑有力，右侧悬崖上有"欬珠唾玉""剑气冲天"等石刻，其上面路边一块巨石上刻着用钟鼎文书写的"石钟"二字，它将剑池所在的山谷比作一口石钟，瀑布比作永不休止的钟摆，瀑布冲击在山谷中发出的声音比作隆隆的钟声。

接着我们去观赏旭光台。旭光台坐落在馒头山顶，是观日出的理想之地。各位请看，您的正前方有一座四角飞翘、红柱绿顶的小亭，名为旭光亭，这里朝迎旭日，晚收霞光，如果黎明前来这里等候能观赏到日出的壮观。旭光亭耸立于山脊，视野开阔，是观赏莫干山全景的好地方。你们看，那里是荫山街，那里是芦花荡，那里是剑池，那里是庚村至莫干山顶十八盘公路。看那有座天池寺，寺旁有棵大银杏树，要五人围抱，据史料记载该树已有一千多年了。

各位请看，那些镶嵌在绿荫丛中的金黄色建筑大多是别墅。说起这些别墅，我们可以追溯到19世纪末到20世纪初，因莫干山是一个优良的避暑胜地，美、法、英、德、俄等国传教士和当时上海滩上的商贾大亨纷纷到山上建造别墅。现在山上有250多幢风格各异、造型美观的别墅。有中国古典式、西欧乡村田园式、欧洲中世纪城堡式，被誉为"世界近代建筑博物馆"。塔门掩映于茂林修竹之中，五彩缤纷，美不胜收。可以说，莫干山是近代中国别墅建筑发展的缩影，包括了各个历史阶段、各个发展流派的别墅建筑，具有集中性和代表性特点。因与中国近代历史的重要人物、重要事件有相当密切的关系，也成为研究中国近代史的重要历史遗存。这些别墅，还留有许多名人踪迹。如武陵村一号楼，1948年蒋介石、蒋经国曾在此举行"新经济会议"。皇后饭店，1954年春，毛主席到莫干山视察时曾经在此休息。2005年莫干山别墅群成为浙江省文物保护单位，2006年5月，莫干山别墅群被国务院列为第六批全国重点文物保护单位。

　　大家抬头看，巨岩上有个什么字？对，是"翠"字，为我国著名书法家钱君匋所题。该字题于1987年，可以说把莫干山的"三胜""四优"全部概括进去了。当时他也想到过莫干山修篁遍地，不如题个"竹"字，但竹毕竟太实。现在，我要让大家猜猜该字有多高？有多宽？对，高近10米，宽约5米。好了，我们再来看一下其他题词，上面"风月无边"四个字是孔子七十七代嫡孙孔德成所题，左上方还有姜东舒的"明珠瀑"，右边为余任天的"莫干好"。

　　各位游客：现在我们再去武陵村参观。武陵村坐落于莫干山屋脊头岗顶上，地势高旷，景观壮美，自成天地。村子附近有问津亭、滴翠台、旭光台、古天池等景点。据民国莫干山志载：屋脊头在金家山东北，地势轩爽，登眺最佳。武陵树与莫干山其他景点相距较远，环境幽静，自成天地，犹如陶渊明笔下之"世外桃源"。这里绿荫蔽天，景色秀丽，掩映于绿树芳趣之中的武陵村宾馆别墅群，曾接待过诸多中外名流，如松月庐蒋介石、宋美龄住过，山海楼因蒋经国住过而为游人所瞩目。

　　现在我们在武陵村一号楼，名曰"松月庐"，因其庭前种有松树、阳台呈半月形而得名。蒋介石和宋美龄曾在此居住过。蒋介石生前上过好多次莫干山，有记载的至少有四次。第一次是1927年与宋美龄在上海大华饭店完成婚礼当天上山度蜜月。第二次为1931年春，蒋介石欲登上民国大总统宝座，然而遇到地位显赫、资历颇深的国民党员老胡汉民的反对，心中十分焦急，加上在军事上，第一次反共围剿惨遭失败，一连串的挫折，使他一筹莫展，便来莫干山住几天。蒋介石第三次上莫干山是1937年，在与周恩来国共第二次合作谈判期间，在莫干山小憩。最后一次上莫干山为1948年，这时蒋家王朝已处于风雨飘摇之中，随着国共和谈破裂，在军事上，民国党军队节节败退；在经济上，财政赤字已达九百万亿元。由于滥发钞票，造成物价上涨，民怨沸腾，这时经济威胁对蒋介石来说，已比军事、政治威胁更为严重，为此，他上莫干山召开秘密会议，研究"币制改革"，想挽救摇摇欲坠的统治。"松月庐"中现还保持留着蒋介石与宋美龄当年住的房间，并配以图片说明，大家可以上二楼参观。

　　各位游客，莫干山景区的游览到此结束，谢谢大家耐心听完我的讲解，很高兴为大家服务，希望各位再次光临莫干山景区。

（二）新市古镇

"人家两岸柳荫边，出得门来便入船。不是全无最佳处，何窗何户不清妍。"这便是新市，一个原称为仙潭的江南水乡千年古镇。清明前跟随税苑文学社一行来到新市，水脉纵横间，得以领略古镇优雅秀巧的自然风光，更可以品味其绵绵历史的似水年华。

新市，隶属于湖州德清，是其经济文化重镇。位于杭嘉湖平原腹地，京杭大运河畔。新市古镇因水而生，因水而发展！为江南水乡古镇群众风貌保存较为完整、风俗民情富有特色的一个代表！她更像是一个羞答答的姑娘，深藏闺中，不爱张扬，昔日繁华已逝，躲在喧闹的市集角落，空留片片残梦在水中！其虽不在江南六大古镇之列，却也因其的纯天然而更加神秘！

江南水乡古镇建筑沿河而建，河、桥、巷、弄、街、民宅构成了一幅浓妆淡抹丹青图，江南民宅以徽派建筑见长，高高的防火墙，又称马头墙围成了一个个园子，庭园深深隐藏着喜怒哀乐，记载着悲欢离合。人们喜欢把其比作是古镇的骨架，古镇的弄巷很有特色，高高的防火墙引伸出长长的弄堂。

大家知道，河流是古镇上"生命"的血液。与其他古镇相比较，新市因京杭大运河的贯穿而更显独特，大运河穿境而过，五里长的市河贯穿并环绕全镇，古镇因大运河的发展而成形，是当时运河上重要的商品集散地，现存古建筑风格、样式受运河文化影响深远，体现商贸特征。

各位游客，整个古镇依水而建，傍桥成市，被明媚通透的河流所缠连。步入古镇，清澈流水在阳

光下波光粼粼，释放出金丝万缕。有水的地方必有桥，据考证新市最多曾有过大大小小七十九座桥，有名的如太平桥、状元桥，至今仍保存较好的如驾仙桥、会仙桥。"绿浪东西南北水，红栏三百九十桥。"这首白乐天的诗句用在此处最恰当不过了，漫步其中，桥因水而妩媚，水因桥而多情，相信各位游客已经陶醉于古镇的细腻与从容中了。

现在我们看到的是最令人兴奋的蚕花娘娘了。素有"丝绸之府"美誉的湖州，在历史上早已形成了一整套具有浓郁地方特色的蚕桑风俗，"轧发轧发，越轧越发"，清明节轧蚕花，祭拜蚕神，请蚕花五圣，都是新市历代相传的典型风俗。

各位游客，除了体验水乡的风情，品尝下古镇的美食也是我们此行的必修课！新市据说有三宝：一宝是羊肉，二宝是茶糕，三宝则是麦芽园子。大家一定要停下脚步来尝一尝，一定会让你流连忘返的。

各位游客，新市古镇的游玩即将结束了，最后我以一首南宋著名诗人杨万里的《舟过德清》来结尾吧！"人家两岸柳荫边，出得门来便入船。不是全无最佳处，何窗何户不清妍。"

（三）下渚湖国家湿地公园

各位游客，欢迎来到下渚湖湿地公园。我是各位的导游人员。

下渚湖也称防风湖、风渚湖、哑子湖等，是天然形成的江南最大的湿地风景区，面积约为36.5平方公里，水域面积3.4平方公里，中心湖泊1.26平方公里，是国家ＡＡＡＡ级景区、省级风景名胜区、朱鹮易地保护暨浙江种群重建基地、国家野生大豆保护区、浙江省50个最值得去的景区之一、中国最佳生态休闲旅游目的地。2011年由人民日报社《中国经济周刊》、湿地国际中国办事处联合发起的"寻找中国最美湿地"评选活动中获"中国最美湿地"称号。

下渚湖国家湿地公园是一具有多样性景观的典型天然湖泊湿地，其以原生态的湿地风光，让人流连忘返。下渚湖国家湿地公园里港汊交错，芦苇成片，湖水清澈，野鸟群息，水生动植物遍布，至今仍保持了自然质朴、原始野逸的江南水乡风貌。600多个岛屿湖墩散布湖面，1000多条港汊纵横交错，使它成为了一座水上迷宫。还有800多种动植物在此繁衍生息，其中就有被誉为植物中的"大熊猫"的野生大豆、有被誉为动物中的"大熊猫"的朱鹮。

相传下渚湖原是一块平整的陆地，在这块陆地上居住了夏、朱、胡三户人家。他们都很富有，其中以夏家为首，三户人家家中所用的碗筷器皿都是用黄金打造的，甚至连夜壶都是纯金制造的，并且还在夜壶上雕刻了一条龙。他们的行为激怒了龙神，所以龙神一怒之下将这三户人家沉没于湖底，因此被称为夏朱胡，译音下渚湖。当然，传说只是传说，而下渚湖的真正由来要追溯到两亿多年前。两亿多年前这里曾经是古海洋的一部分，后来由于地壳运动，古海洋转变成了陆地，海岸东移，低洼处形成了很多的漾、湖荡，下渚湖就是由此而来。

湿地公园中对湿地是这样定义的：干涸期水深不超过6米，面积达到1平方公里以上，而且是要水陆并存的地方才能被称为湿地。湿地在人类生活中起到至关重要的作用：防洪蓄水，净化水质，调节气候和保持生物的多样性，被称作是地球之肾，城市之肺。下渚湖具有下列几个特点：

第一，下渚湖是天然形成的江南最大的湿地公园，湿地面积36平方公里，是浙江省第一家湿地公园。

第二，下渚湖是良渚文化和防风文化的发祥地，五千年前我们的先民在这里创造了辉煌的文化，并推动了浙江历史的发展。

第三，下渚湖是防风神茶的发祥地（烘豆茶），陆羽的《茶经》对此有详细记载。

第四，下渚湖是中华民族百家姓中"汪"姓的发祥地，中央电视台及全国十几位专家对此曾做过权威的论证。

第五，下渚湖的地形地貌极其的原始，最大的特色是湖中有岛，岛中有墩，墩中有湖。湖中有港，港中有汉。

总而言之一句话"有山有水，有湖有港，有墩有岛，有芦苇也有竹林。行遍大江南北，惟独德清下渚湖湿地风景区"。

茶的家族里，正可谓是品种繁多：有绿茶、红茶、苦丁茶、普洱茶等，今天我向大家介绍的是比较特别的一种茶，那就是德清下渚湖土生土长的特产——烘豆茶。这可是德清有名的土特产，在德清也被称为防风神茶，说起这茶名，还有些来历。

相传大禹时治水英雄防风王的封地就在如今的三合一带。当年防风受大禹的指派到德清的下渚湖治水，他日夜不绝的工作，非常劳累，乡亲们都被他感动了，为慰劳其治水辛苦，就用橙子皮、野芝麻等六种佐料沏茶为其解乏，并用烘青豆作为茶点。有一次，防风将青豆倒入茶水之中，没想到茶鲜香可口，喝了之后还力大无穷，神力大增，治水成功。于是用烘青豆沏茶就成了当地的一种传统，并世代相传，而这烘豆茶也有了"防风神茶"之名。

烘豆茶选用优质青黄豆，配以炒芝麻、橙皮、丁香萝卜、紫苏或笋干、桂花等原料，精心制作而成。饮用时，再加入几片嫩绿茶叶沸水中泡，即成一道清香可口、咸淡适宜、风味独特、色香味俱的烘豆茶。

烘豆茶是待客上品，在三合等地，百姓生活中重要的日子都离不开这碗咸茶：正月新春茶（头碗茶），入屋茶（热屋茶），女儿茶，毛脚女婿茶，搬家茶，探亲茶，新娘子茶（结缘茶）等。"毛脚女婿"喝了甜蜜的锅粢茶、咸味的熏豆茶和清淡的绿茶这三杯茶，就算过了丈母家的"第一关"。三合农村几乎家家户户爱将烘豆茶作为正月招待亲友及婚礼宴席的首选饮品。

茶水清爽鲜美，轻呷一口，真是咸中带甜，芬香浓郁，而被水泡涨的青豆，肥壮饱满，韧韧的很有嚼头，味道妙不可言。

如今到德清的游客，回去时往往会带上一两盒防风神茶，在那鲜鲜的微咸中再一次回味德清的青山秀水。

朋友们，前方就是朱鹮岛了。我们将登上朱鹮岛去近距离观看这种濒危鸟类的真容。上岸时，请朋友们按顺序慢慢跟我走，不要挤，带好自己的随身物品，注意安全。

朱鹮，是一种具有珍贵观赏价值和极高科研价值的湿地鸟类。在国际鸟类联盟受生存威胁的鸟类名录中，朱鹮被列入濒危等级最高的极度濒危级。而在中国濒危动物红皮书中，朱鹮也被列为濒危等级最高的濒危级，成为我国一级重点保护的"国宝级"物种，它与大熊猫、金丝猴、羚牛并称为我国的"国家四宝"。目前全世界只有两个地方能见到朱鹮，一个在中国的陕西，一个就是您现在所在的地方——下渚湖朱鹮岛。

历史上，朱鹮曾广泛分布于我国和日本列岛、朝鲜半岛、俄罗斯远东地区。但遗憾的是，19世纪以来，由于人类对其大规模的连续性捕杀，以及对共栖息地的严重破坏，尤其是湿地消失、树木砍伐和化肥农药滥用，致使朱鹮在20世纪中期曾一度被认为已经灭绝。1981年5月，我国科学家经过3年时间的艰难搜索，偶然在陕西发现了7只野生朱鹮，国家拯救朱鹮工作立即展开随着30多年野外就地保护和人工圈养的成功总数已突破1000只，朱鹮暂时摆脱了物种灭绝的命运，成为我国在濒危动物保护方面，堪与大熊猫保护齐名的成功范例。

历史上，朱鹮曾是我省的重要物种，但自1956年在宁波采集到3只标本后，浙江大地上就再也没有发现过朱鹮的踪影。由于下渚湖是目前华东地区保存最完整、面积最大的湿地之一，保持着完好的原生态环境，不仅有山、有水、有岛，湿地动植物资源也十分丰富，十分适合湿地鸟类生活。2008年，德清县联合浙江大学启动了"浙江朱鹮易地保护暨野外种群重建"项目，从陕西楼观台野生动物救护中心引进了10只朱鹮。这离浙江发现最后一只野生朱鹮隔了50年之久。

朋友们，请往这边看。在两座小山之间的洼地上就是朱鹮的住所——"鸟排屋"。它占地180平方米，被隔成5个鸟屋。每个鸟屋长、宽、高均为6米，高处一根横木，地面划为休息区、喂食区和活动区，还移植了供鸟栖落的女贞树。这些朱鹮年龄最大的10岁，最小的才一周岁多。朱鹮的生育期从4岁到18岁，所以除了刚满一周岁的一对小朱鹮之外，其余4对朱鹮都在生育期。每年3-6月份是朱鹮的繁育期，这些朱鹮羽毛已呈现出特有的灰色，翅膀内侧呈现温润的粉红色，因此朱鹮也被叫做"东方宝石"。这些朱鹮目前是饲养员根据观察凭经验给他们配对的。但自然状态下经常在一起活动的朱鹮，往往是亲缘关系较近的个体，这些个体配对繁殖，不利于后代的健康。朱鹮易地保护课题组对他们进行了遗传谱系调查，从基因的适合度方面，帮助他们寻找到更有利于优生的配对个体。根据"浙江朱鹮易地保护暨野外种群重建"工程项目的计划，在2016年，已经实现人工繁育的朱鹮在下渚湖放飞。朋友们，说不定你就能在湖面上看到翩翩飞舞的朱鹮了。

各位游客，下渚湖的游玩到此结束了，希望下渚湖的美景能吸引您再次光临。

第四节　长兴县景点导游词

（一）大唐贡茶院

各位游客：大家好！欢迎来到大唐贡茶院参观游览，我是导游人员××。

大唐贡茶院坐落在浙江省长兴县水口乡顾渚村，始建于唐大历五年，即公元770年，续贡达876年，是中国历史上第一座专门为朝廷加工茶叶的"皇家茶厂"。其规模之大、历史之早、累贡之久，堪称世界之最。陆羽阁、东长廊、西长廊和吉祥寺是贡茶院的主体建筑，形成了中国建筑特色的回廊模式。

现在我们拾级而上来到的是陆羽阁，陆羽阁共分四层，我们现在来到的这层重点阐述了世界上第一部茶学专著《茶经》。《茶经》是陆羽对唐中期以前中国茶叶的历史、产地、以及茶的功效、栽培、采制、煎煮、饮用等知识作了全面仔细的阐述，是中国古代最完备的一部茶学专著。《茶经》的问世，是中国茶文化正式形成的标志。

在《茶经》中提到：阳崖阴林，紫者上，绿者次；笋者上，芽者次。陆羽认为茶芽颜色微微泛紫的，并且如挺立饱满的笋尖，这样的茶叶乃是茶叶的上品。从此顾渚山茶有了它美丽的名字——紫笋茶。

现在我们来到了陆羽阁的顶层了。有没有一下子豁然开朗的感觉？整个大唐贡茶院的景色展现在大家的面前了，整个大唐贡茶院是三面环山，一面朝水。背靠的这座山就是大名鼎鼎的顾渚山了。顾渚山海拔不高，仅350米左右，但山不在高，有仙则灵。陆羽就是在湖州一带考察茶事时，推荐了我们顾渚的紫笋茶，才使得紫笋茶成为贡茶。

唐代湖州刺史张文规曾写道：顾渚山大涧中流，乱石飞滚，茶生其间，尤为绝品。这绝品，就是紫笋茶。每当春夏，东南风将东临太湖的温和、湿润带来顾渚山，让潮湿的空气飘进每一条山岕，滋润每一棵树。顾渚山上覆盖着厚厚的乌沙土，富含氮、磷、钾等多种有机质，能为茶树的生长提供充分的营养。野生紫笋茶有的生长在树下，有的生长在稀疏的毛竹林间，若在朝阳山坡茶树就可以充分得到太阳漫射光的照射，长出的茶芽略显微紫，芽头似肥硕的小笋。所以，当陆羽走进顾渚山，发现了顾渚山茶后，立即将这样的评价写入《茶经》，"阳崖阴林"，紫者上，笋者上。从此顾渚山茶才有了美丽的名字——紫笋。并从770年作为贡品直到1646年，是我国作贡最久的名茶。

在顶层最引人注目的则是大家看到的这尊铜像——陆羽铜像，铜像栩栩如生，这是陆羽撰写《茶经》时，仔细观察、辨别茶叶的神态。是艺术家经过对茶圣——陆羽的解读后，赋于茶圣最完美的、理想化人物形象。铜像高3.5米、重2.5吨。

那么陆羽为什么能够成为茶圣呢？他的生平又是怎么样的呢？陆羽生于唐玄宗开元二十三年，即公元733年，生于复州竟陵，也就是现在湖北天门市。幼时被弃于天门竟陵的一座小石桥下。当时竟陵龙盖寺主持智积禅师路过小桥时，听到群雁哀鸣和婴儿的啼哭声，禅师寻下桥去看，发现一个婴儿冻得瑟瑟发抖，啼哭不止，一群大雁惟恐婴儿受冻，都张开翅膀为婴儿遮挡寒风，于是禅师抱回婴儿到寺中抚养。并用占卜之法得"鸿渐之路，其羽可用为仪"，为此得名陆羽，字鸿渐。陆羽自小聪明，但最后还是离开了清苦的寺院，在戏班谋生。陆羽虽然相貌丑陋，且有口吃，但他聪明过人，且机智幽默。后来被淮南王李神通之子李齐物赏识，推荐给了火门山的邹夫子那里学习儒家经典，这为他后来撰写《茶经》奠定了文学基础。陆羽是24岁避安史之乱来到湖州，34岁来到顾渚山考察茶事。29岁完成了《茶经》的初稿，48岁完成了《茶经》的定稿，之后《茶经》被人们广为传颂，陆羽被人们奉为"茶圣"。

这就是大唐贡茶院的西廊，印入眼帘的是一尊铜像。在我们大唐贡茶院的东、西长廊上，一共放置了二十四尊这样的铜像。从服饰上辨别，这尊铜像当为明朝人。为什么会在大唐贡茶院放置明人铜像？因为，大唐贡茶院历经唐、宋、元、明、清数朝，在紫笋茶成为贡茶以后，慕紫笋茶之名，来到顾渚山游玩的文人雅士、达官显贵多不可数。我们没有为哪一位名人雅士"量身定做"。将这些铜像放置在这里，就是为了让大家能穿越时空隧道与古圣先贤零距离接触，感受当初大唐贡茶院的恢弘气势。

许多文人雅士来到顾渚山游玩，在品尝过"紫笋茶"后，留下了大量的诗文佳句。随着岁月的流逝、斗转星移，那些诗文佳句在民间被传颂为一个个精彩的历史故事。我们从中挑选了六个流传甚广的故事，将它们做成铜雕。

现在，大家看到的就是千年摩崖石刻区。在紫笋茶成为贡茶以后，许多的文人墨客都来到了顾渚山游玩。同时，在顾渚山的崖壁上都留下许多宝贵的诗文石刻。至今，保存完好的有3组9处。我们把这些摩崖石刻集中复制在这里，为的就是让大家不用远行就能够清晰地看到这些宝贵的历史资料。同时，这些实物史料也是顾渚紫笋茶悠久历史的见证。

现在，大家看到的就是吉祥寺。这尊宝相庄严的菩萨就是文殊菩萨，文殊菩萨是智慧的象征，在他出生时有十大吉祥：因此，文殊菩萨又被称之为"妙吉祥"。这也就是我们吉祥寺为什么要贡奉文殊菩萨的原因。吉祥寺贡奉的文殊菩萨与其它地方不同的是，在这里只敬茶，不敬香。

这儿是大唐贡茶院的东廊。在这里我们首先看到的就是当时贡茶院制作紫笋茶的八道工序：分别是采茶、洗茶、蒸茶、捣茶、拍茶、焙茶、穿茶、封茶。

这里就是采茶时的情景，采茶时拣颜色发紫，嫩叶饱满的一芽一叶鲜芽采摘。当时采茶役工之多，满山遍野尽是。诗人杜牧有诗云："江南美女何处寻，顾渚山中采茶时。"可见当时贡茶院规模之大。

这里就是洗茶的情景，采摘来的紫笋茶，要用金沙溪水洗涤。洗涤后的紫笋茶，再放置在蒸灶上蒸青。蒸青后的紫笋茶还要捣碎。捣碎后再制成茶饼，茶饼的形状有方形、圆形、还有梅花形。因为唐朝人吃茶不同于我们现在，是要将茶研成粉沫，再加以佐料煮着吃的。制好的茶饼还要用竹篾丝串起来，一串为十六个，相当现在的一斤。串好的茶饼经焙干后，交由验收人员检验。将次品剔除后，再用黄绢布包好。待刺史验收签字后，连同银壶装好的金沙泉水一起送交驿站。下面将要看到的就是马不停蹄、递送急程茶的场景。

为了不延误宫廷清明茶宴，制好的紫笋贡茶连同银壶盛装的金沙泉水，在交到驿站后，便马不停蹄、日夜往长安递送，当时的驿站为三十里一站。诗人李郢有一句诗句就真实地反映了快马加鞭递送急程茶的场面"十日王程路四千，到时须及清明宴。"

现在，大家看到的就是长兴的"品茗三绝"，紫笋茶、金沙泉、紫砂壶。常言道："茶是水神，水是茶体。"顾渚山植被丰富，孕育了另一道贡品金沙泉。时任湖州刺史为裴清，他认为顾渚山中的金沙泉水比"沧浪"之水还要清，因此，将金沙泉水荐于朝廷作为贡水，得到了代宗皇帝的恩准。金沙泉从花岗岩隙深处30米以下而来，因古人有诗称颂"碧泉涌沙、灿若金星"而得名。它富含40多种对人体有益的微量元素。用金沙泉水冲泡紫笋茶，能使茶的色、香、味得到最大的提升。现在的金沙泉水是通过国家级鉴定的优质矿泉水，目前市场有"大唐贡泉""金沙泉""金沙贡泉"品牌的金沙泉水出售。

现在说说长兴的紫砂壶。我们知道，长兴的紫砂资源与陶都宜兴是一脉相承的，具有"紫而不姹、红而不嫣、黑而不墨。"的特点。紫砂壶最大的特点：致密度好、透气率均匀。在加工制作时，内外壁均不施釉。用其泡茶，盖不夺香，无热汤气味。久而用之，即使不投茶叶，壶内也能散发清香之气。因此，紫砂壶又有"此处无茶胜有茶"之美誉。这也是历代文人雅士都热衷于收藏紫砂壶的原因。

大唐贡茶院的参观到此结束了，欢迎大家再次光临！

（二）仙山湖国家湿地公园

亲爱的游客，欢迎来到仙山湖国家湿地公园。

仙山湖位于浙江省长兴县西部重镇——泗安镇，泗安地处浙江西北部，太湖西南岸，苏浙皖三省交界之处，南邻竹乡安吉，北接江苏宜兴，东靠长兴县城，西抵安徽广德。泗安镇是一个千年古镇，曾在隋朝设置"鹰扬府"，并筑四安城，城设四门：东"长安门"，南"顺安门"，西"吉安门"，北"广安门"。后分设三镇：长安镇、吉安镇、广安镇，后来三镇合并，在"四"旁加"氵"，名为"泗安镇"。现在的泗安镇，面积257平方公里，人口7万，是国家级生态镇、浙江省森林城镇，有"花木之乡""文化之邦"之美誉。

仙山湖国家湿地公园由仙山和仙湖两部分组成，您现在游览的就是仙湖部分，游程大约50分钟。仙湖的水域面积约10平方公里，湖中一长堤将整个湖分成南北两部分，南湖占1/3，您现在游的是北湖，占2/3。

仙湖原是一条美丽的古河道，是安徽通往长兴的交通要道，古代，安徽的山货、粮食就通过这条水运通道来到泗安，再从泗安通过水路或陆路发往各地。因此当地有俗话称"推不完的广德，填不满的泗安"，由此可以想象当时这条古河道的繁忙和泗安的富庶。1959到1964年，这里建设泗安水库，形成了现在的水面，水库总库容5000万立方米，正常水深6米左右，水质达到国家《地表水环境质量标准》（GB3838—2002）Ⅲ类标准。水库的东面，是一条浙北最长的土坝，全长1550米，高10.3米，全部由泥土筑成。水库的泄洪闸就在大坝的右坝头。2007年启动旅游开发项目，泗安水库更名为仙山湖，2009年创建了国家湿地公园。

现在我们即将进入的是仙山湖湿地。科学家把湿地称作"地球之肾"，是地球上不可替代的生态功能系统。它不仅为人类提供大量食物、原料和水资源，而且在维持生态平衡、保持生物多样性和珍稀物种资源以及涵养水源、蓄洪防旱、降解污染、调节气候、补充地下水、控制土壤侵蚀等方面均起到重要作用。湿地覆盖地球表面仅为6％，却为地球上20％的已知物种提供了生存环境，湿地也被称为"鸟类的乐园"。仙山湖湿地在2006年被评为浙北最大湿地，仙山湖景区地貌景观独特，物种资源丰富，其中黄嘴白鹭、白琵鹭、小天鹅、水獭、虎纹蛙、斑嘴鹈鹕、疣鼻天鹅、獐等属于国家二级重点保护野生动物。

仙山湖湿地是鸟的天堂，蓝天碧水，绿树红花，吸引着一群群野鸟来此栖息。它们或梳洗打扮，或亲昵嬉戏，或掠水低飞，或不动声色地静静站在树枝上。现在大家能看到一对对小水鸟在湖中窃窃私语、卿卿我我，这就是仙山湖中的神仙眷侣——水鸭或是黑水鸡。每当船只经过它们身边时，他们就像受了惊吓的小情侣，噼噗噼噗从水面滑翔而过，身姿机灵而又曼妙。

在我们眼前的就是仙山湖湿地的中心区——芦苇荡，整个芦苇荡大约有1.5平方公里。这是纯自然原生态的芦苇荡，不少珍稀鸟类在这里安家。看，远处在水草间亭亭玉立、悠闲散步的是灰鹤，在天水之间纵横跳跃的是白鹭，到了秋天，成千上万只野鸭飞到这里来过冬，黑压压的一大片，很是壮观。

介绍到这里，我们眼前看到这片绿树环绕的地方就是仙湖中的生态岛——白鹭岛，每当清晨或傍晚，常有白露齐飞的壮观景象。岛占地面积80余亩，上面植被丰富，都是原始野生的。在这个小岛上，有新石器时期的遗存，还有一处商周时期的凉亭遗址，考古工作人员在岛上还找到了秦砖汉瓦，白鹭岛也是仙山湖历史悠久的见证。在岛的南侧，保护性的开发，建有仙山湖湿地科普馆，主要是介绍湿地科普知识及展示仙山湖动植物标本。

各位游客，现在我们进入了仙山湖的水中森林区域。唐代有诗云："羌笛何须怨杨柳，春风不度玉门关。"杨柳与春风，总是被文人用来形容阳春三月的景致。在这里，面积3.3公顷的三蕊柳林集中分布于水陆交界处，仙山湖丰水季节，形成自然的"水上森林"景观。

现在我们的船即将驶出水上森林，往回行驶。眼前这座山，孤峰独立，就是仙山。仙山原名四安山，亦称小九华，海拔162米，为长兴的名山。仙山上，有显圣禅寺，始建于唐天宝年间，原名空隐教寺，后易名显圣禅寺，现有建筑面积万余平方米，殿宇雄伟，晨钟暮鼓，香烟缭绕。这里就是"地藏王菩萨祖庭"。地藏王宝殿里面供奉的是地藏王菩萨。在佛教界中，有两位王子出身的菩萨，一位是佛主如来，一位就是地藏王菩萨了。他原来是新罗国的一位王子，名叫金乔觉（公元696年—公元794年），为古新罗国（今朝鲜半岛）国王金氏近族。传说他样貌奇特，身长七尺，力大无穷。在经过了一次宫廷政变后，24岁的时候就带着一只叫"谛听"的白犬西渡来华，初抵江南，卸舟登陆，几经辗转，卓锡九华。他先后到过绍兴、金华、普陀山等地，途经泗安仙山时，被仙山独特的形态、秀丽的风光所吸引，就停留在仙山，修行布道，开始他的修行生涯。发下"众生度尽，方证菩提，地狱未空，誓不成佛"的宏愿，苦心修行75载，99岁在九华山圆寂，肉身不腐。因其"安忍不动如大地，静虑深密如秘藏"，故名地藏，又被尊称为大愿地藏王菩萨。被佛教徒视为地藏菩萨的化身，作为佛教四大菩萨之一，与观音、文殊、普贤一起，深受世人敬仰。

说到这里，特别要介绍下我们泗安的文物古迹了，又仙山遗址，已出土的文物有泥制陶，耕田器等100多种，属西周文物。泗安境域发现的古人类遗址距今100万年，比周口店北京猿人遗址50万年的历史足足推前了50万年，是浙江省目前最早发现有人类的地方；泗安在2200多年就已经建县，比长兴建县要早500多年，古镇历史也比县城雉城要早上11年。因为仙山小九华是地藏菩萨的祖庭，香火旺盛，四安古镇向上延伸为上泗安、中泗安，向下发展为下泗安，三镇相连，成为长兴县第一大镇。

大家看到的这座显圣寺始建于唐天宝年间（公元742年—756年）。每逢佛诞日、地藏王菩萨圣诞和农历传统节日，香客便从水路纷至沓来。

仙山还与很多历史文化名人有着极深的渊源，浙江唯一的开国皇帝陈霸先就出生在长兴，曾来到仙山。开国皇帝陈霸先，出生于长兴下箬寺，不仅博涉文史典籍，精通天文地理，喜读兵书，擅长武艺，处事明达果断，极受同辈的推崇敬佩。相传一次征战途中他路经仙山，突然，所乘之马脱缰飞奔而去，直奔仙山之顶，仙泉中映出他身穿龙袍的模样，预示着他将登基帝位。当时他正犹豫是否要称帝，来到仙山之后，他终于下定决心，走上了帝王之路。陈武帝尚佛，开创了长兴的"帝乡佛国"文化，在南朝众多皇帝中，陈霸先是一代明君，因此也就有了"江左诸帝，号为最贤"的称号。陈皇在帝乡建寺，造就了"帝乡佛国"的辉煌篇章，"有饮水处皆有佛可拜"，仅下箬一地就有三十六个大小寺院，遂有"三十六口井，三十六缸金，三十六缸银"的民谚。受唐代皇帝唐僖宗，明太祖朱元璋和清朝乾隆皇帝钦赐为"帝乡佛国"的三代皇帝的"天赐圣旨"。魏征、杜牧、白居易、刘禹锡、吴承恩、赵孟頫、乾隆等众多历史名人的题记、碑刻、传记。中国元代大书法家赵孟頫曾在此留下"帝乡佛国"的手笔。下箬寺为"江南三大名寺"之一，在长兴县城，陈霸先出生地，建有陈武帝故居景区，欢迎大家去那里参观。

明代文学史上的名人——归有光，与《西游记》作者吴承恩，曾经共治长兴县。二人在仕途上的命运相似，在花甲之年到长兴来做官。在长兴期间，二人常结伴来到仙山，在此游湖作诗、品茗垂钓。吴承恩构思的《西游记》，九九八十一难中，少不了跋山涉水，不少题材就是在仙山湖这人间仙境中得到启发。归有光撰文、吴承恩书写的《圣井铭并序》《梦鼎堂记》《长兴知县题名记》等碑文，至今由长兴县博物馆完好地珍藏着。

不知不觉中，船已经驶进了码头，请各位游客拿好自己的贵重物品上岸，仙山湖的游览到此结束，欢迎各位游客再次光临仙山湖国家湿地公园。谢谢！

（三）中国扬子鳄村

各位游客：大家好！欢迎来到美丽而又充满神奇色彩的中国扬子鳄村。我是各位的导游人员，很荣幸由我带领大家参观游览。为了给扬子鳄提供更好的生存环境，整个景区都是无烟区，所以还请大家参观的时候请勿吸烟。在这里您可以近距离领略恐龙生活了1.6亿年的古生物奇观，神秘的动物活化石——－扬子鳄，最直接地感受古老生物顽强的生存力量，踏上探索体验之旅。

扬子鳄这种古老的物种是我国特有的珍贵淡水鳄类，起源于中生代，距今已有2.3亿年的生存史，因生活在扬子江流域而得名，是人们研究和揭示自然奥秘的"活化石"。 与我国举世闻名的大熊猫一样是我国一级保护动物，它是世界七大珍稀、濒危物种之一，是中国的"国宝"。

各位游客，我们现在来到的是景区特色项目之一"人鳄同游"。大家可以乘坐游船穿梭于14个岛屿之中，享受船在水中开，鳄鱼在旁边游的奇特感觉。同时我们也走进扬子鳄的生活世界，看一看它们的生活环境。在荷叶、水草中不时闪现扬子鳄的身影，多彩的湿地风光也尽收眼底，感觉很美而又不缺乏原始生态景观的野趣。

我们都知道，鳄鱼全身披满鳞甲，长鳄大口，大而圆的突起眼睛，还有粗壮如钢鞭的长尾，四肢强健，五指锋利。扬子鳄和其他鳄鱼一样是冷血动物，但它却是23种鳄鱼当中性格最温顺的鳄类。首先从体型上来讲，扬子鳄一般体长为1.5~2.3米长，重约40公斤。扬子鳄外貌似龙，"铜头铁尾"，身披鳞甲。其吻短而钝，吻前端上方有外鼻孔一对，颚缘有圆锥状横生齿（上颚左右各18枚、下颚左右各19枚），眼睛和脸部表面粗糙凸起，四肢较短有指（前肢5指、后肢4指）具爪，爪趾间有蹼。它不是食人鳄，主要在夜间活动觅食，主要吃一些小动物：如鱼、虾、河蚌、小鸟、小鸭等。由于蚌内多有珍珠，在鳄争食蚌类时会吐出珍珠，便有了"双龙戏珠"之说。扬子鳄食量惊人，但忍受饥饿的能力也很强，能把吸收的营养物质大量地贮存在体内，因此有很强的耐饥力，连续几个月不进食。整个冬眠期，扬子鳄是成完全休眠状态的。据研究观察，扬子鳄冬眠的时间一般从11月中下旬开始到来年3月的中上旬左右结束。

各位游客，古人视龙为雷雨之神，《山海经》中就有"雷泽有神，龙身而人头"的记载。每当风雨欲来时的电闪雷鸣则启发了古人，他们认定雷电与龙有着密切的关系，因此"隆隆"的雷声成了"龙"的读音，并且由于扬子鳄"哄哄"类似猪叫的声音则被称为"猪婆龙"。

景区内有许多以"龙"命名的景点。据资料记载扬子鳄又名"鼍"，古人常认为鼍就是龙的一种。古代书籍中就有很多处关于"鼍"的记载：李时珍的《本草纲目》一书就将扬子鳄称为鼍龙。成语："鼋鼍为梁"，说的是周穆王出师东征，来到江西九江，因江河密布，行军受阻，于是下令大肆捕杀鼋、鼍（音驼，即鳄鱼），用以填河架桥，终于战胜了敌方。吴承恩63岁任长兴县丞（正八品），相当于现在的副县长，就地取材写了中国四大名著之一的《西游记》，其中第四十三回唐僧在黑水河被妖怪小鼍龙所擒，后得西海龙王太子摩昂之助获救。这里面的黑水河怪就是扬子鳄的雏形。而在当地老百姓则将它们称为土龙，猪婆龙。所以就有了扬子鳄是龙的传说。

各位游客，接下来我们要通过这座桥走进我们的一期，寻一寻扬子鳄的踪迹。首先，大家所看到的是出生在美国的扬子鳄。1990年，中国和美国共同开发让鳄鱼重生的项目，当时为了表达友好，我们给美国赠送了扬子鳄，在2006年，经过了50多小时的行程，出生在美国的扬子鳄后代作为"华侨"回归故里。一开始这些"华侨"不进食，这让我们的饲养员百思不得其解，这是为什么呢，难道它们想念自己的家人？没有办法，我们只好请美国的专家过来，让人啼笑皆非的是原来他们给扬子鳄的食物是狗粮。之后，经过我们饲养员非常耐心、细心的照顾，终于让它们适应了这里的生活环境。你们可以看到它们悠闲地在水中游，慵懒地趴在岸上享受阳光浴。现在出生在美国的扬子鳄的习惯完全改变过来了，所以回来的11条扬子鳄至今还有6~7条是与中国的扬子鳄一起饲养的，不过本来就是一家人，何必给它们分家呢！

我们现在看到石头上的题字"泽国霸主"指的就是扬子鳄。扬子鳄是水陆两栖的爬行动物，最早生活在长江中下游沼泽地区，因长江原名"扬子江"而得名。《左传》中记载："深山大泽，实生龙蛇。"指的是龙（即扬子鳄）和蛇一样生活于类似的环境之中，常栖息在湖泊、河滩、池塘内的"小岛"以及竹木丛生的堤岸等湿地，他们处于食物链的顶端，再加上它们是水里的"清理器"，在自己的地盘里称王称霸，因此称为"泽国霸主"。

为了让大家了解鳄类的多样性，我们景区引进了湾鳄、尼罗鳄、暹罗鳄三种热带鳄。在这三个池子里的就是引进国外的三种鳄鱼，它们都是凶猛的食人鳄哦！其中最大的一条是远道而来的泰国"朋友"——暹罗鳄，它虽然只有10多岁，但是体长已达3.8米了。

在这池内生活的60~70条的扬子鳄，它们年龄在20—30岁。这就是喂鳄台，每隔2~3天，我们的饲养员会投放食物，它们的食量惊人，一次的食用量达自己体重的10%左右。扬子鳄是全球23种鳄类中体型偏小、但其性格最温顺的一种鳄。其实，一提到鳄鱼，人们心中就会想起它们张开血盆大口食人的模样，因而就把它们称为"恶鱼"。其实不然，扬子鳄们心里说"我们很丑，但我们很温柔"。

扬子鳄在食用食物时，就像钳子一样钳住食物，囫囵吞下去。看它们的样子迟钝，但它们非常聪明，动作也很敏捷。当有猎物出现时，它们会以"迅雷不及掩耳之势"捕捉。在食用鱼时，它们会调整鱼的位置，最终把鱼头对准自己的喉咙，免得自己的胃被尾部的刺所伤。捕到水生动物时，会将其拖上岸，让其缺氧而死；捕到陆生动物时，将其拖入水中，让其窒息而死；食物太硬，会将其腐烂后再食用。可见它们不是一般的聪明！

景区最早在1979年正式成立了扬子鳄繁殖基地，当时把野外的11条野生扬子鳄圈养保护起来，这11条扬子鳄有个共同的名字"七九"被称为"光荣妈妈"不让这个种族灭绝，它们付出了很多，经过这么多年的努力，可喜可贺的是扬子鳄的种群数量在增加，目前已有5000余条。每年5—9月是扬子鳄的繁育期，这围墙内就是扬子鳄的繁殖中心。快到交配期，雌鳄和雄鳄都会发出不同的求偶叫声，然后聚集在一起。有趣的是，它们也会为了自己心仪的对象而大打出手，待角逐后，它们"夫妻"间很是恩爱，成双成对地趴在岸上晒太阳，在水中嬉戏，整个交配过程在水中进行，体内受精。快到产蛋期，它们会用前爪、嘴、尾钳些枯枝竹叶来营造巢穴。当一次性把蛋产完，还会在其上面用枯枝竹叶进行掩盖。一条雌鳄产蛋将近20~30枚，为了让扬子鳄保持野性，整个孵化过程全是自然孵化，而这个时候扬子鳄特别凶猛，它们会发出声音来警告你们别靠近。7月底，阳光很强，直射到蛋窝上，枯枝竹叶开始腐烂，此时鳄卵也正在悄悄孵化。神奇的事情也正在发生，小扬子鳄的雌雄就是由蛋窝的温度来决定的。在28~29℃大部分是雌性，在29~32℃雌雄的比例是相等的，在33~35℃

大部分为雄性，但不能低于26℃、高于36℃，天气太热，它们会将身体浸湿后趴在蛋窝上将其降温，看来动物与我们人类是一样的父母心啊！经过60天漫长的等待，幼鳄会迫不及待地探出小脑袋，它们的体长一般在18~25厘米，体重在20~30克，外形酷似壁虎，身上有黑黄色条纹相间，又喜欢在水里游来游去，所以当地人们把它称为"水壁虎"。

不知不觉我们又回到了二期了！让我们一起漫步在长约1500米的栈道上，感受"人在桥上走，鳄在脚下游"。欢迎大家再次莅临中国扬子鳄村景区，祝大家平安旅游、欢乐全程、妙趣无穷！

（四）金钉子远古世界景区

各位游客大家好！我是导游人员×××，很高兴为各位提供讲解服务。景区的这座博物馆目前是全国唯一的一座以"金钉子"命名的地质博物馆，"金钉子"是世界地质遗迹，今天由我带领大家走进博物馆，去解读"金钉子"的含义，它的实迹在我们博物馆北面的山坡上。

"金钉子"地质博物馆分为三厅、一院、一长廊，分别是宇宙地球厅、生命进化厅和金钉子厅，一部以保护区专题片《生命大灭绝》为背景的4D动感电影。现在大家所处的位置就是宇宙地球厅，宇宙地球厅主要展示宇宙和太阳系的形成与特征，地球的结构构造和物质组成，地质作用形成的矿产资源、地貌景观和地质灾害。首先在大家的正前方可以看到一幅宇宙诞生的图片，关于宇宙是如何

形成的，我们目前只能按照绝大多数科学家的一种普遍认同的观点来解释，那就是创世大爆炸，从创世大爆炸开始到宇宙的基本形成，时间大约是150亿到200亿年，大爆炸后，物质在万有引力的作用下，相互吸引、碰撞、凝聚，这样就形成了原始的星系、星云，银河系星云就是其中的一个，在银河系这个大星云里面还包括无数小的星系星云，我们的太阳系就是其中一个。关于太阳系的形成它也有一定的规律，大约在50亿年前，漂浮在宇宙空间的气体尘埃，也是在自身万有引力的作用下，相互吸引、相互碰撞，然后凝聚，逐渐形成原始的圆盘状太阳系。

在前方墙上，是8大行星根据离太阳由近到远顺序的排列，依次排列是水星、金星、地球、火星、木星、土星、天王星、海王星。

下面我们走进地球长廊。我们的地球是由无数种元素构成的，最终形成物质，这里就是一些组成地球物质的元素，我们这个地球长廊分左右两边，左边橱窗里面是来自全国各地的矿物展列，右边墙上是一些图片展示。除了稀有矿物外地球上含量最多的就是属于岩石了，地球上的岩石大致可以分为三类：一类叫做熔岩，一类叫做沉积岩，还有一类叫做变质岩，在大家前方的板块展示的是三大岩石的转换。我们还可以在前方看到一些矿产资源的展示，全部是一些比较稀有珍贵的种类。

各位游客，下面我们进入第二个厅地球生命进化厅。这个厅主要展示地球历史上生物的起源、爆发、进化的各个重要阶段及其标志性的代表化石。这是地球历史生命进化的演示图，图上给大家展示的就是生命的进化从简单到复杂，由低级到高级，它的进化过程是缓慢而曲折的，就像这螺旋形一样。地球出现到人类社会出现的历史是46亿年，科学家把这段历史分为两个大的阶段，隐形时代和显生时代，在离我们现在5亿4千2百万年前，地球上有次生命大爆炸，各种各样的鱼类、珊瑚类、三叶虫类，都在这个时候一下子爆发了，所以我们国际上就叫它生命大爆炸，也就是显生时代开始了，科学家把这5亿多年的历史划分为三个年代阶段，按生物的特征、地理环境气温，它分三个大的年代，分别是古生代、中生代和新生代。我们这个生命进化厅它整个展品的摆放全部以化石为主，首先展现在大家面前的是古生代的生物化石，主要以海洋无脊椎软体生物为主，有三叶虫、角石、各种鱼类化石等，左边沙堆里的是来自云南禄丰，叫许氏禄丰龙，大型食草恐龙，在它的前面大家还可以看到有八枚恐龙蛋化石，后面橱窗里的是一具来自四川省广元市的甘氏四川龙，是食肉恐龙，接下来这个橱窗里面陈列的有一部分是我们长兴煤山当地发现的化石，中间这块名为"煤山扁体鱼"的化石，就是在我们博物馆后面的山上发现的，它的名字里有"煤山"两个字，证明科学家在煤山发现的时候是属于国际上第一次发现，所以以发现地命名。

这是我们长兴旅游的资源长廊，我们长兴有"四古"，一古毫无疑问就是金钉子，它是划分古生和中生的世界最标准的界线，被誉为"金钉子"。第二古是银杏，它是古生代最后一个年代二叠纪地球上出现的一种植物，被称为"活化石"。长兴的第三古就是扬子鳄，扬子鳄刚好是中生代最早一个年代，三叠纪时地球上出现的一种两栖类动物，它的出现比恐龙还要早，所以也有"活化石"之称。第四古是茶文化，这是我们水口顾渚茶文化景区，当年茶圣陆羽写《茶经》的时候就在我们顾渚考察。唐代的时候，产自顾渚山的紫笋茶和金沙泉，是作为贡茶和贡水供皇帝享用，所以顾渚山成了茶文化的发祥地。

现在大家进入的是第三个厅金钉子厅。这个厅主要来剖释二枚金钉子落户长兴的奥秘，阐述金钉子的研究历程及其重要意义，展示研究长兴"金钉子"专家的风采、"金钉子"界线标志性化石——牙形石以及地球史上六次生物大灭绝。

在大家的面前的是我们景区的地形沙盘。整个保护区呈现6个自然剖面——ABCDEZ，这六个剖面是世界科学家到这里来考察后而命名的，由于D剖面的岩层比较完整，隐藏的化石比其他剖面丰富。科学家在1955年进行研究的时候，想从这六个剖面当中寻找出一块最标准、最权威的一个断代点断代层型，这个断代层型最终是被找到了，他就在D剖面上的一个二叠系和三叠系的断代层型，D剖面的这个位置就是我们大"金钉子"的点位，它是划分古生和中生的一条地层界线。除了看到这大的金钉子之外，同样是在D剖面，他的侧边上还有一个小金钉子，这样我们同一个山体剖面上拥有了一大一小两枚金钉子，这在全世界都是独一无二的。

这个是仿照博物馆后面那座山做的仿真墙，每一层里都经过了许多学科的研究，大金钉子的点位是在第27层。这边是显微镜，显微镜当中可以看到这个微小欣德牙形石的化石。这个地图上面标注了全世界重要的金钉子，重要岩层分界线的分布，那么我们刚才看到的长兴这枚大金钉子，它是划分古生界和中生界的标准岩层分界线，同时又是一个二叠系和三叠系的标准岩层分界线，这样的岩层分界线，全世界共有三个，一个在我们中国长兴，一个在加拿大，一个在突尼斯。加拿大这个大金钉子是划分最早的两个时期形成的两个岩层，划分古生界和新元古界的一个岩层分界线；中国长兴是作为中间这枚；是第二枚；第三枚是在突尼斯，他是距离我们现在最近的两个时期形成的一个岩层，作为一个标准岩层的分界线，划分中生界和新生界的一个标准界线。

这是一个三维立体的牙形石，它就是我们大金钉子的标志性化石，实体只有0.5~1.5毫米，是海洋里一种软体生物的一个下鄂骨骼器官。

这边向我们展示的全部是为我们"金钉子"的确立作出巨大贡献的一些科学家们。科学家经过46年的研究到2001年之后，一手资料整理成册，提交给了最高机构国际地质科学联合委员会，经过复审之后，在2001年他终于被评为全世界最高级别三大金钉子之一，至此长兴煤山金钉子的国际地位正式确立。

各位游客，我们博物馆三个厅的介绍就到此结束了，下面我将带领大家去看一部由我们煤山剖面精心演化而来的4D动感电影，名称叫做《生命大灭绝》，全长是12分钟，引用动感立体高科技手段，使您身临其境地领略地球史上生物的演变、灭绝、进化的历程以及金钉子的重大意义，极其震撼。

各位游客，金钉子远古世界景区的游览就到此结束了，希望通过我的讲解，让大家对于"金钉子"的含义有了更深的了解，欢迎再次光临。

（五）新四军苏浙军区旧址群景区

尊敬的各位游客，大家好！欢迎来到新四军苏浙军区纪念馆，我是各位的导游人员×××。新四军苏浙纪念馆坐落在长兴县煤山镇的温塘村，是以抗战后期苏浙军区军民在粟裕、叶飞等将领率领下抗击日伪顽史料为内容，依托革命旧址建立起来的革命纪念馆。纪念馆现为全国爱国主义教育示范基地、国家国防教育基地、国家4A级旅游景区。在长兴县煤山镇八十平方公里范围内，至今还保存着新四军苏浙军区司令部、政治部、苏浙公学、兵工厂等18处旧址，这些旧址是目前江南地区保存最完整、内含丰富且规模最大的革命旧址群，因此长兴被誉为"江南小延安"。如此大规模、保存完整的革命旧址群在全省甚至全国都很少见，这充分体现了新四军与当地老百姓紧密的党群关系、干群关系。

1943年秋，新四军六师十六旅根据党中央"发展东南、准备反攻"的战略方针，从苏南挺进郎广长，开辟苏浙皖边抗日根据地，旅部进驻长兴槐坎仰峰岕。1944年12月26日，粟裕同志奉命率领新四军一师主力由苏中渡江南下，1月6日到达长兴槐坎与十六旅会合。1945年1月13日，中共中央军委电令成立苏浙军区，粟裕同志任司令员，统一指挥苏浙皖边和浙东的党政军工作。

展厅中央看到的这组群雕是苏浙军区成立后的五位领导人。新四军苏浙军区是抗战后期在中国共产党领导下，以长兴县槐坎乡为指挥中心，由粟裕带领苏南、浙西、浙东军民抗击日伪的一支人民武装。他们为民族的解放、人民的自由作出了重大的贡献，更为我国军史、党史和中华民族抗日斗争史谱写了光辉的篇章。大家抬头可以看到"军民团结，无往不胜"八个大字，是由苏浙军区副司令员叶飞在1984年为苏浙军区成立四十周年亲笔题写的。

新四军六师十六旅是最先到达长兴的一支部队，接下来我们就先来了解一下十六旅的基本情况。这里大家看到的是十六旅的战斗序列表，旅长王必成，政委江渭清，下属5个团和一个特务营，其中48团是老百姓最熟悉的团，也是十六旅的主力团，被誉为老虎团，团长是刘别生。这是70年前在槐坎地区拍摄的一张珍贵照片，右边这位就是旅长王必成，从照片上大家可以看到王必成其实是非常瘦小的一个人，但是他打起仗来却是十分勇猛，人称王老虎，1955年被授予中将军衔，曾担任过上海警备区司令员、南京军区副司令员等职。左边这位是江渭清政委，解放后分别担任过江苏省委第一书记和江西省委第一书记，我们纪念馆的馆名就是由江渭清在1984年的冬天亲笔题写的，中间这位是当时苏南区行政公署主任吴仲超，吴仲超在解放后从事文化工作，曾担任过北京故宫博物院第一任院长。

六师十六旅来到长兴后战役十分频繁并且主动出击，其中杭村缴大炮就是他们来到长兴之后与日伪军展开的第一次正面交锋，地点是离这里不远的安徽省广德县杭村。1944年3月29日，十六旅伏击日本小林中队，只用了一个小时就打了一个漂亮的埋伏仗，击毙敌人100多名，其中日军70多人，最令人高兴的是缴获了一门日式九二步兵炮和它的三发炮弹，狠狠打击了日本鬼子的嚣张气焰。

打铁还须自身硬。为了培养抗日建国人才，根据华中局的指示，苏浙军区在1945年2月在长兴槐坎台基村创办了一所江南"抗大"——苏浙公学，校长由粟裕同志亲自兼任。当年苏浙公学的内墙上还书写着抗战标语："这里没有学士博士，只有宝贵经验的革命者；这里没有黄埔军官，只有身经百战的老战士。"横批是"革命熔炉"。在这里我们看到的这张照片是苏浙公学的学员们席地而坐正在认真听课的场景。我们可以看到当时的学习环境极其艰苦，膝盖是课桌，操场是课堂。但是就在这种艰苦的条件下，苏浙公学创办短短两期9个月时间，培养了1200名的党政军干部。这些干部毕业之后，第一时间奔赴到革命前线，为革命胜利作出了巨大的贡献。

正当我新四军积极打击日伪开创浙西抗战新局面时，在天目山一带的国民党第三战区顽军在顾祝同的带领下，消极抗日，却积极反共，并扬言"再打一个茂林，完成皖南剿共未尽之功"，在孝丰一带先后集结7.53万兵力一次又一次地围攻新四军，我军被迫自卫，因此发生了著名的天目山三次反顽战役。天目山三次反顽战役是粟裕亲自指挥并且是首次采用山地运动作战，集中优势兵力各个击破的战略战术，在1945年2月至6月共歼灭顽军1.2万多人，发展包括富阳、新登、临安、于潜等十几个县，纵横二百多华里，取得三次反顽战役的辉煌胜利。在三次反顽战役期间为便于指挥战斗，新四军苏浙军区指挥机关由长兴槐坎仰峰岕移至孝丰水口井村吴家塘，就是我们看到的这张照片。

三次反顽战役的胜利当然也离不开人民群众的大力支援。据统计，当时在册登记的支前民工有6000余人，长兴就有1401位老百姓主动为前线的新四军战士运送粮食、军需用品，抬担架，救助伤员等。

随着新四军挺进长兴，当时的苏皖区党委、苏南区行政公署也移至到了长兴办公。这里我们看到的这张照片就是苏南区行政公署旧址，它是现存十八处旧址中的其中一处，也是唯一一处欧式小洋楼，吴仲超、陈光、惠浴宇就是当时的主要领导人。1945年5月，中共浙西区党委成立，党委书记是金明，当时的民主政权领导人是通过民主选举而产生的，1945年9月，中共浙西区党委和苏皖区党委合并成为中共苏浙区党委，书记粟裕，副书记金明。

在这个展板上我们看到的照片就是位于白岘乡苏南报社编辑部、被服厂以及位于白岘茅山顶上的后方医院。新四军十六旅挺进浙西后，战斗十分频繁，后方医院也随同大部队来到长兴白岘。当时后方医院的医疗条件非常简陋，没有手术灯就用煤油灯代替，没有病床就用普通桌子代替，没有消毒工具就到老百姓家里借蒸笼蒸，连医疗器械，药钳子、药探针都是用毛竹做成的，展柜里面我们可以看到医院使用过的医疗工具。

1945年8月9日，毛泽东发表《对日寇的最后一战》声明，这里我们看到的是苏浙军区向日本驻军发出的最后通牒，督促那些拒不肯投降的日本驻军向新四军、八路军投降。1945年8月15日，日军宣布无条件投降，1945年9月2日，日本代表重光葵在美舰"密苏里"号甲板上签字，宣布无条件投降，坚持了八年的抗战取得了胜利。1945年10月10日，共产党为了和平建国与国民党签定了《双十协定》。新四军奉命北撤。告别了用鲜血和生命开创的苏浙皖边根据地。但是在北撤途中发生了中安号轮船沉船事件。当时轮船由于连续7昼夜运送部队，没有及时检修，加上风大浪急，严重超载，致使轮船行至泰兴县天星桥西南两公里江面时发生沉船事件，船上1000多名指战员，只有100多人生还，其余的800多名战士都壮烈遇难，长兴也有刚刚参军的战士乘坐了这艘客轮，24人都成为了烈士，中华人民共和国后泰兴县为缅怀先烈、教育后代、寄托哀思，建碑立馆，我们看到的这张照片就是泰兴县馆外的竖碑，上面还有叶飞上将题写的"新四军苏浙军区北撤渡江死难纪念碑"。

为有牺牲多壮志，敢教日月换新篇。在新四军苏浙军区当年牺牲的烈士近一千位，他们的英雄事迹与浙西山水同在，名垂中华。

各位游客，今天的参观就到此结束，希望大家通过此次参观学习，能够牢记历史、不忘国耻、圆梦中华！

第五节　安吉县景点导游词

（一）江南天池

　　各位游客，大家好！欢迎您来到国家4A级景区江南天池，我是导游人员×××。首先我们先看一下景区导览图，先给大家介绍游览路线。我们所在的地方位于海拔千米的天荒坪山顶上，进入景区后，先要走300多个台阶，登上928米的观景台就可以看到江南天池了，沿着天池大坝登上搁天岭去看天文科普基地天文台，由于海拔高，空气透明，这里很适合科普观测。2009年的日全食天文奇观，这里就是最佳观测点之一，当时吸引了很多国外专家前来。这里还是第一个夜天光保护区。最后我们游览天池竹海，天池竹海的山顶是一片原始的竹林，环境非常幽静！整个游程大概在1~2个小时，那么现在就随我进入景区参观吧！

　　这一大片就是我们的杜鹃林，当地人称映山红（因为花色非常红艳，把整片山都映红了），花期在4~5月，花开时，花海壮观，是当今世界上最著名的花卉景观之一，具有很高的观赏价值。因而这片又号称"映山红之王"，等到开花时，就更加壮观。

　　这里是观看整个江南天池的最佳位置之一，我们的对面是江南天池最高的山，海拔978米的搁天岭。江南天池是由两座山中的一个自然洼地经过人工加宽加深形成，形状很不规则，很多人说其外形像金华火腿！这里的8根柱子代表整个电站建设周期，从1992年到2000年，共建造了八年。站在海拔978米的观景台上，一眼望去，可以把天池尽收眼底。天池可容纳919万立方米的水，这相当于一个杭州西湖的水。当然了，从外观看来杭州西湖的面积远远超过这个天池，但是江南天池的优势在于水深，最深处达到72米，平均水深42.2米，水库一周长2.5千米，徒步一圈大概要四十分钟。大家等会去游玩的时候，要注意安全，一定要沿着水库边走，不要去攀爬大坝。现在山顶的景色是最漂亮的，大家可以拍拍照片！

我们在江南天池边上看到了一块天荒石，江南天池曾有许多美丽的传说，有一种传说是一个仙女爱上了一个孝子，然后在这里成就了一对美好的姻缘。正因为有了美好的传说，我们景区就有了天荒地老的纪念石，据说情侣在这两块石头上传递情话能听得非常清楚！

江南天池其实是抽水蓄能电站的一个组成部分，我们看到的水都是从山下的水库抽上来的。建设这样一个水库，防渗要求是非常高的，江南天池表面是采用沥青混凝土浇筑而成的，它是由德国的斯特拉堡公司所承包的，花了2000万美元。大家看到江南天池一圈的喷淋系统，它是为了帮助水库表面沥青降温用的，沥青虽然可以防水，但是怕太阳晒，在太阳的暴晒下，容易融化，开裂！有了这圈水管，就不用担心发生这种情况了。

我们所在的地方是太阳历广场，这里科学内涵丰富，可以利用太阳与日晷晷针投影位置得出当日所处节气和当地时间。方法是将晷针的日影与地面网格中的时间线组对比，即可得出当地的真太阳时，换算成北京时间需要两个改正，即经度改正和时差改正。测节气：在当日本地"真正午"时，由广场南段"表"影在地面上标注着"节气"名的"圭"尺上的位置，即可测知当日所处农历节气，并可粗略估计出当天的公历日期。定方向：日晷晷针平行于地球自转轴，日晷晷针正指北天极，夜晚顺着该方向就可以看到北极星。

我们现在来到的是展示厅，首先看到的是整个抽水蓄能的电站模型。我们可以看一下现在的具体位置是位于海拔908米的江南天池边上，眼前的这个模型就是江南天池模型，整座电站由上水库、下水裤、地下厂房、中央控制楼、开关站及输水系统六大部分组成。电站始建于1992年，2000年完工，总投资67.7亿元，总装机容量180万千瓦，是目前已建和在建同类型电站中单个厂房装机容量亚洲最大、在世界名列前茅的抽水蓄能电站，它的工作原理是利用华东电网晚上的余电将下水库的水，通过山体里面两条直径为7米、全长1416米的输水管道抽到上水库，将水储存起来，到了白天用电高峰的时候再将上水库的水放下来，利用上下水库600米的落差，冲击水轮机，带动发电机组发电以及补充华东电网的用电缺口，这就是我们所谓的调峰填谷电站。打个比方说，我们晚上用5度电来抽水，白天用这些水发电，却只能发出4度电，利用率为百分之八十，损耗是百分之二十。可能有人会问这样不是亏损的吗？其实不是，跳风天谷电站可以从两个方面考虑：第一，从社会效益来说是帮助国家节能。有了这样的电站可以减少全网燃料的消耗，并且会给电网带来不稳定性。第二，从经济效益来说它赚取的是差价，跟城市的峰谷电价一样，晚上低谷电价便宜，白天高峰电价相对而言贵。通过差价估计15年内就可以将投资的64.7亿人民币全部回收。而且在相同条件下，有天荒坪抽水蓄能电站和没有这样的电站，华东电力系统一年的煤耗减少了36万吨，按以前250元一吨来计算，一年就可以节约900万元。

各位游客，现在我们眺望远处美丽的山峰，不知道大家有没有发现，在连绵的山峰中却隐藏着天然壮观的三座卧佛，被称为"江南大佛"。江南大佛位于我们安吉江南天池"灵鹫山"，由仰佛、卧佛、坐佛三座大佛组成，东西走向约10千米，大佛是由自然山体形成，其中仰面大佛长约5千米，容貌姿仪慈祥宁静，其发簪、眉、目、鼻等清晰可辨，安详的脸廓、修长的颈部、宽广的胸怀。江南大佛是大自然的恩赐造物，也被佛学界称之为"东方大佛"。东方大佛在佛教里是吉祥佛，也是吉祥如意的意思。佛讲缘分，如果你看到三个大佛将福佑江南天池，因而不少游客慕名而来，朝拜江南大佛，祈许美好心愿。

这是滑雪场，始建于2006年，占地6万多平方米，雪道全长800米，落差40米，可以同时容纳上千人滑雪，有滑雪爱好的朋友，可以在每年十二月份到次年二月份来此滑雪。在雪场还建有目前华东最好的全方位户外拓展组合群，大家可以在拓展训练中不断挑战自我，超越自我，帮您达到凝聚团队的目的。

穿过这个竹楼，我们看到的是一片竹的海洋，这里的毛竹是原生态竹，对人工的依赖程度很低。竹子可以防止土壤沙化，可以防止水土流失，并且能比其他植物多释放百分之三十五的氧气，对净化空气，稳定地球大气成分起到了重要的作用。毛竹是我们安吉的支柱产业，安吉境内有1.5亿株毛竹，每年出产量达到2500多万株，而且是所有竹子当中长的最快的，它从竹笋长成竹子只需要五十天！竹子浑身都是宝，从竹梢到竹根全部可以开发利用。在很多超市、百货大楼都可以看到竹子做的产品，像竹叶枕、竹炭枕等。

这次行程即将结束，期待再次来到江南天池参观。

（二）竹子博览园

各位游客大家好，欢迎来到安吉竹子博览园（简称安吉竹博园）。安吉竹博园占地1200余亩，位于中国著名竹乡——浙江省安吉县境内。全园汇集了大江南北、海内外竹子品种389种，这是一个集旅游、科研、教育、生产等功能为一体的竹景园林，素有"都市后花园"的美称。

安吉竹博园大致可分为筱园问竹、安吉熊猫馆、休闲娱乐区、中国竹子博物馆四个部分。园内清风摇曳、竹影婆娑，仿佛置身于竹子的海洋。它们有的伟岸凌空，有的低矮匍匐；有的细如棒针，有的叶大如帛；有的色彩斑斓，有的古怪扭曲。

徜徉在竹海之间，我们不仅可以一览世界各国的奇篁异筍；欣赏到独具匠心的造景艺术，还可以聆听一些源远流长的竹子传说和典故呢。泥墙垒筑的茅草房，栩栩如生地诉说着孟宗哭竹的故事；特异造型的竹庐，活灵活现地再现斑竹传说；"竹峰栈道"更着实可让你体验《卧虎藏龙》中竹林腾飞的意境。在竹种观赏区内，除了聚集了国内多种竹种外，还有与泰国、美国、日本等各国交流的一些竹种，成为世界上规模最大、品种最齐全的竹子王国，被誉为"竹类大观园"。

安吉的山好、水好、竹好，曾获得过最佳人居环境奖。这么好的资源和环境，没有道理大熊猫不来我们安吉安家落户啊。熊猫馆中的安安和吉吉憨态可掬，做出的一些滑稽动作总会让人捧腹大笑。

中国一流、世界领先的竹子专业博物馆更是以丰富的展品、详实的史料，让您了解中国丰富的竹资源、悠久的竹历史和光辉灿烂的竹文化。

竹博园内还备有丰富多彩的活动和节目。如鸟艺表演、跑马、赛车、野营、烧烤、垂钓、穿竹迷宫、破梅花八卦阵、听竹音、赏竹舞、湖上荡舟、林中品茶……都会让您意犹未尽。

每个竹种都有自己的一块园地，片片竹林汇成了一片大竹海，我们走在竹林间仿佛进入了竹的海洋，那么就让我们尽情享受这翠绿、清凉的世界吧！

各位游客，现在我们徜徉在竹海之中了，每个竹种都有自己的一块园地，片片竹林汇成了世界上规模最大、品种最齐全的竹子王国。接下来就让我们一起进入这翠绿、清凉的大自然吧。

走进竹园首先印入我们眼中的是来自北京的主干以黄色为主的金镶玉竹。在金镶玉竹对面的是橄榄竹，橄榄竹挺拔、秀丽是一种漂亮的观赏竹。

随着脚步的前行，在我们左手边的这是茶杆竹，主要产地是广东怀集，有"竹种之宝"的美誉呢，也是我国竹子出口的王牌产品。

大家看这些竹杆上有紫色褐色斑点，非常奇特，想必大家也都猜到了，这个叫做斑竹，又名"湘妃竹"。关于湘妃竹的来历有一个动人凄美的传说：在尧、舜时期，尧帝得知舜的贤能，便把自己的两个女儿娥皇和女英嫁给舜，后来又把帝位禅让给了他。舜做了皇帝以后仍然勤劳民事，经常到全国各地去巡视。一次为了平定苗人做乱，带兵到南方远征，他的两个妃子娥皇、女英跟随同行，到了湘水，二妃因得病留在那里，舜自己仍带兵南行，不料在苍梧得病而死。两妃子在湘水接到噩耗后，痛哭不止，一直哭到眼睛流出血来，最后悲不自禁，双双投河而死。二妃虽然死了，但被她们血泪洒过的竹子，却永远留下了如血似泪的斑痕。现在到的景点便是湘妃寄泪，您看到这圆形墙面上有关于斑竹的传说，也有历代文人墨客对斑竹的咏颂。

前面就是潇湘馆了，它是取自于《红楼梦》中林黛玉的佳所同名。入口是元春所题"潇湘馆"。穿过漏窗竹影，厢房正中门楣上为贾宝玉所题"有凤来黛"，意思是潇湘馆青翠的绿竹引来了清雅高贵的林黛玉，两侧对联："宝鼎茶闲烟尚绿，幽窗棋罢指尤凉"的意思是指黛玉爱哭同时也反映林黛玉的冰清玉洁，像竹子一样。潇湘馆是竹种园的心脏，它以廊、亭、轩组成江南风格的庭院。

现在我们来到的是安吉竹博园的最高点——千浪阁。千浪阁高21米，共五层，在这里可以体验到赏竹的三个境界：一听竹，清风拂竹沙沙的竹涛声连连续续不绝于耳，二嗅竹，竹子特有的清香扑面而来，意味悠远。三观竹，在四、五楼临窗而立，可一览整个竹博园竹海奇景，脚下竹林松林随风摇曳，绿涛阵阵，千层碧浪汹涌翻滚，也正是千浪阁取名的由来。

接下来就到了竹峰栈道了，大家都知道四川有个栈道形体险峻，而我们这里的栈道也极具特点，竹峰栈道总长150余米，从千浪阁三楼横穿竹林，是中国第一条在竹梢行走的栈道，可以体验《卧虎藏龙》中在竹林中腾飞的意境。游览安吉竹博园，一定会让您觉得不虚此行。

各位游客，现在我们来到的是中国竹子博物馆。中国竹子博物馆于2000年10月26日开馆，全馆占地面积12000平方米。馆内呈群体结构，分为序厅、历史资源厅、栽培利用厅、工艺集萃厅、国际陈列厅等8个展厅，反映了中华6000年竹子的历史与文化。

走进序厅，首先跃入你眼帘的是世界上最粗、也是最高的竹子——巨龙竹。看，这里的巨龙竹，胸径足有25公分。在巨龙竹后面立着两只一大一小的大象，这是两只用竹篾编织的大象，是2003年中国首届竹工艺品大赛的获奖作品，它们对我们中国竹子博物馆有着重要的纪念意义，因为本次大赛正是放在我们这里举办。

在过廊上的图片是1996年中国林业部命名的中国十大竹乡。同年11月原国务院总理李鹏在视察安吉后亲笔题词"中国竹乡"。

我们现在参观的第一个展厅：历史资源厅。在这个展厅我们来了解竹子的历史和资源的情况。竹子产生于中生代白垩纪，距今1.35亿年。这是一幅甲骨文的照片，在远古的时候人们使用的文字中就有了"竹"字。

了解竹子的历史之后再来了解一下竹子资源。世界上有90多属1300多种竹子，它们主要分布在赤道两边、南北回归线之间，主要是亚太竹区、美洲竹区和非洲竹区。我们中国是世界上竹林面积最大、竹子品种最多、竹类资源最多的国家。而我国竹林面积最大的省份是福建省；竹子品种最多的省份是云南省。我们参观好历史资源厅之后就到第二个展厅栽培利用厅参观吧！

这是竹子的生长发育图。竹子从刚开始发芽起到长成成竹算来只需要50天的时间，二个月还不到呢。

现在我们参观第三个展厅文学艺术厅。厅梁上的"虚心报节"正是竹的品格。迎面两尊铜像是竹墨画的开拓者。站着的是大家非常熟悉的宋代文豪苏东坡，曾经写下"宁可食无肉，不可居无竹"的佳句。坐着的是宋代的画家文同，"胸有成竹"就是出自于他，文同开创了一代墨竹画派。

现在我们到了最精彩的工艺集萃厅。怎么样，这些令人赏心悦目、美轮美奂的竹制工艺品让您流连忘返了吧！那么大家就尽情欣赏吧。

中国竹子博物馆的游览到此结束了，再次感谢您的到来！

（三）吴昌硕纪念馆

各位游客，欢迎来到吴昌硕纪念馆。

吴昌硕名俊，又名俊卿，字苍石、昌硕，号缶庐、苦铁。他生于1844年，1927年去世，享年84岁。他是晚清民国最具代表性的艺术大家，以"诗书画印"四绝享誉海内外，开创了一代金石大写意画风，对我国近百年来传统书画篆刻艺术的走向产生了深远的影响。他生逢乱世，经历了太平天国、甲午战争、辛亥革命、军阀混战。吴昌硕纪念馆的展览共6大板块。

在第一板块中我们可以了解到，吴氏祖籍江苏淮安，因为逃避战乱辗转来到安吉鄣吴村定居。这是明代鄣吴村落模型。嘉靖一朝四十五年间，吴家两代出现了四位进士，使得鄣吴村的规模和声望超过了当时的孝丰县城，民间有了"小小孝丰城，大大鄣吴村"和"史部天官降吴门"的美誉。

吴昌硕小的时候由于个小体弱，斯文腼腆，容颜秀气，街坊邻居给他取了个小名叫作"乡阿姐"，吴昌硕晚年刻过一方章就叫"小名乡阿姐"，这是他与当地村民和谐相处的见证。

这是建于明代的吴氏大屋模型，大屋占地面积达到2500平方米，吴氏大屋的原主体建于明嘉靖年间，毁于太平天国战乱。这张是吴昌硕最早的弟子陈半丁所绘的《吴辛甲与夫人画像》，图中有两位夫人，一位是吴昌硕的生母万氏，另一位是后来娶入门的杨氏。

1851年太平天国运动爆发，在安吉、孝丰两县共战斗四年零五个月。鄣吴村作为皖浙交通要道，战事尤为频繁。17岁的吴昌硕跟随父吴辛甲外出逃亡。战后，原四千余人的鄣吴村生还者仅二十五人，吴昌硕一家九口也仅剩他和父亲两人幸存，他的母亲万氏、弟弟妹妹还有聘妻章氏均于战乱中不幸丧生。

战乱中，吴昌硕在鄣吴的故宅化为废墟。吴昌硕22岁时，吴辛甲娶继室杨氏，举家迁居至安吉县城安城。安城平面略呈桃形，城周栽植桑树，故有"桃形桑城"之称。安城的城墙在2006年被评为国家保护单位。吴昌硕和父亲将居所题名为"朴巢"，屋前小园题名为"芜园"。在芜园，吴昌硕经历了考取功名、父亲病殁、娶妻施氏等人生大事；他自辑成第一本印谱名为《朴巢印存》。在老师潘芝畦和父亲吴辛甲的督促下吴昌硕22岁时考中了安吉县补考咸丰十年庚申科的秀才，此后吴昌硕32岁时还到杭州参加过乡试，但没有考中举人，秀才成为吴昌硕的最高"学历"。

吴昌硕29岁时娶施酒为妻。婚后施夫人将家操持得井然有条。吴昌硕常出门游学、谋生，夫人在家侍奉老母，教育孩子。由于吴昌硕收入不丰，施夫人经常以嫁妆补贴家用。施夫人与吴昌硕共育有四子二女，四子分别是吴迈、吴涵、吴育和吴丹姮，他们各有才华。

吴昌硕婚后，因为生活所迫，也为了提高自己的学识才艺，在施夫人的支持下他走出了安吉，开始游学、游历的生活。

1886年吴昌硕得到友人潘瘦羊赠送的清末大臣汪鸣銮手拓的石鼓精拓。在每个石鼓上面都凿刻着铭文，称为石鼓文。我们现在所看到的这些拓片上的文字被称为石鼓文，它是从金文向小篆发展的一种过渡性书体，在我国书法史上占有重要地位。吴昌硕一生勤于石鼓文临写，最初以《阮元刻天一阁本石鼓文》为范本，在拥有了这些石鼓文拓片之后，临写更加勤奋。

吴昌硕写下"道在瓦甓"四个字赠送给好友金俯将，而金俯将则回赠吴昌硕一只古缶。缶是古代一种盛水或酒的陶器，盛行于两周。金俯将所赠为西周时期的缶，器身模印有云雷纹和回纹两种纹饰，口沿有残缺，被切割后磨平，吴昌硕被缶简陋却朴质的美所吸引，缶几乎成了他人格和艺术象征，虽然简陋，却有一种朴质的美，之后他以"缶"为庐，并写下了《缶庐诗》记叙这件事。

蒲华是吴昌硕的旧年知交，他生性嗜酒，疏懒散漫，有"蒲邋遢"的雅号。由于蒲华出身卑微，很多人看不起他，但吴昌硕却对他青睐有加，蒲华也把吴昌硕当做知音，两人相交有四十年，期间吴昌硕作画经常得到蒲华的指点。宣统三年（1911）夏，蒲华酒醉后因假牙落入喉管，窒息而辞世。

这幅是两人合作的《梅竹图》，吴昌硕画梅花，蒲华画竹子。松、竹、梅素来有岁寒三友的美誉，两人用此来比喻友情也再恰当不过了。

甲午战争爆发后，有个名叫吴大澂的人主动请缨前线，而此时他与吴昌硕已是交往四年的兴趣相投的好友，吴大澂邀约吴昌硕参戎佐幕。此时的吴昌硕已年过半百，但他有为国效力和想要建立功名的愿望，因而不顾家人朋友的劝阻，毅然受命，到了前线。然而牛庄之战失败后，吴大澂被革职。而吴昌硕因家中继母杨氏病重，乞假回归故里，他投笔从戎、荣取功名的愿望至此也被无情地击碎。但是北上从军的经历，让吴昌硕饱览了祖国北方大好河山，对他后期作品的浑然大气的形成有着很大影响。

从甲午战争前线回来之后，吴昌硕在56岁那一年代理安东县令张壮彩的职位，当了一个月的县令。但是由于江北本不属于富庶之地，当地民性刁蛮，盗贼猖獗，吴昌硕一个文人，他不擅长捉拿盗贼，为人又耿直清廉，缴纳来的税粮也从不会用于官官交往，于是在工作过程中处处受到阻力。最终在一个月之后辞官，并刻下一方"弃官先彭泽令五十日"印章，自比陶渊明。

吴昌硕手稿《接任安东令事告示》：吴昌硕于1899年11月16日上任安东县令，到任后亲笔书写了接任安东县令的首张告示。从这句"只须预备公馆，打扫洁净，不得张灯结彩，徒事虚文，亦毋庸出郊远迎，切切"，可见吴昌硕上任伊始，态度就十分认真，作风简朴，不是个张扬奢华、铺张浪费的人。

在第五板块中，吴昌硕吉庆里旧居位于上海山西北路457弄12号，此间既是卧室，又作书房。吴昌硕在1913迁居这里，直到1927年去世，他一直在此寓居，度过了他的晚年。

吴昌硕七十岁之后画风已经十分成熟并且形成了自己独特的风格，在上海一些朋友的帮助下渐渐有名了起来，他曾制定了三次润格，润格也就是现在的价格表，为他的作品明码标价，这是他76岁时所制定的价格表，上面有明确的标价：刻印每个字四两，题跋一副三十两，这样的价格在当时已经是十分昂贵了。

1912年2月12日溥仪下诏退位，清朝正式灭亡。对吴昌硕这样在清朝期间经历了各种战乱的人来说，在他的心底对清政府灭亡这件事情或许会带着些许释然，他喜将头发束之头顶挽成一小髻，身着古朴的长袍，作道士打扮。穿道服是古代文人在改朝换代时的惯例，这一打扮的微妙含义在不古不今、不新不旧之间，寓意他对时代的疏离与间隔，而不是对时代的对抗和反动，这也是当时这些遗民中大部分人的普遍心态。

在海派群体中，吴昌硕与王一亭同为领军人物，被称为"海上双璧"。吴昌硕迁居上海后，与王一亭的交往日益密切，几乎到了形影不离的地步，他们合作书画作品大多是王一亭绘画，吴昌硕题款，"王画吴题"成为当时海上画坛一道独特的风景，至今仍旧被传为美谈。

1904年，杭州印人叶铭、吴隐、丁仁、王褆四人发起筹建西泠印社。1913年重阳正式成立，公推吴昌硕为社长。现在的西泠印社已经发展为海内外研究金石篆刻历史最悠久、成就最高、影响最广的学术团体，有"天下第一名社"的美誉。社址坐落于杭州市西湖景区孤山南麓。

这张照片是1926年的春暮夏初，吴昌硕和王一亭在六三园雅聚宴饮，席后听艺伎弹奏古琴时所拍摄的。这名艺伎得知他是吴昌硕后很是欣喜，向缶老求画，吴昌硕十分慷慨，在艺伎的披风上泼墨画了一幅梅花送给她。

这个铜像是日本著名的雕塑家朝仓文夫所塑的，出于对吴昌硕的尊崇朝仓文夫塑了两尊半身吴昌硕铜像，一尊留在日本，另一尊托人带到中国赠给吴昌硕，保存在杭州西泠印社。

吴昌硕先生一生酷爱梅花，对梅情有独钟。他的绘画生涯从梅而始，他的艺术人生以梅为品性。1927年11月29日，昌硕先生突患中风，仙逝于上海吉庆里寓所，享年八十四岁。1932年11月，吴昌硕葬于余杭超山报恩寺前宋梅亭畔，是江南三大观梅胜地之一。

各位游客，吴昌硕纪念馆的参观到此结束了，欢迎您的再次光临。

（四）中南百草原

大家好！首先欢迎各位来到联合国人居环境奖、中国"美丽乡村"——安吉，安吉生态缩影的国家4A级旅游景区中南百草原观光游览，我是各位的导游人员，希望大家在百草原游览愉快。

这是百草原的全景图，整个景区全程18公里。景区的面积非常大，占地面积5600多亩，整个景区共分为植物世界、动物世界以及运动世界三大版块。整个园内林深花奇、鹿奔雁翔，景色极其秀美，植被覆盖率达95%以上，是天然的绿色大氧吧。空气中的负氧离子含量特别高，能提高人的免疫力，促进血液循环，增加心肌营养等。百草原以百草为特色，其次森林植被、动植物资源和自然山水景观为依托，是一个集生态教育、生态实践、生态科技、生态体验为一体的度假休闲基地，目前还在不断的发展当中，达到一年一小变化，三年大变化，因此游客每次来游玩都会看到不一样的百草原，都会有不同的收获。

大家是否听到哗哗的流水声呢，那么就跟着我一起去见证一下庐山真面目，首先看到的就是我们的第一景虎啸飞泉，它是由将军瀑、露天舞台、马尼拉大草坪和卧龙溪四部分组成的。将军瀑是一个人工瀑，是为了纪念三国时期的东吴名将朱然而建的。

现在大家脚下所踩的这块草坪就是绿岛（马尼拉大草坪），草皮是从菲律宾引进的马尼拉草，耐踩踏、生命力非常强，可以说是越踩越旺，所以，又被叫做弹簧草，绿岛的面积非常大，达到7.7万平方米，被誉为"华东地区最大的草坪之一"，可以同时容纳上千人在这边举办一些大型的团队活动。

刚刚说到拓展，大家可以看一下我的右手边，就是咱们百草原的野外生存俱乐部，这边呢主要以拓展活动为主，分为地面项目、水面项目和高空项目三大类型。（地面有齐心协力、过鳄鱼潭等，水面有扎竹筏求渡、勇往直前等，高空有信任被摔、过缅甸桥、天梯等）。

在我们的右手边是一片天然阔叶林，占地面积1500余亩，它是一片未经开发的原始性阔叶林，也是为了保留原生态，天然绿色的一个状态。里面放养了很多小动物，比如：小黄麂，野兔，还有梅花鹿等。但是它们生性胆小，一般白天不会出没，夜间才出来觅食。大家也不用为没有看到它们而感到失望，因为我们景区里面有一个动物园，那里有很多的动物，到时候我也会带大家去参观的。

在我们正前方是我们景区最大的湖——静湖，安静的静。静湖占地面积6万平方米，在它的中央有一个湖心岛，上面放养了很多的禽类，有国家二级保护动物黑天鹅、白天鹅、鸳鸯、野鸭等在上面我们还可以看到一个个小别墅，这是我们饲养员专门给动物们盖的，主要给这些禽类繁殖栖息用。在每年秋季，也会有很多鸟类迁徙中路过这里，这里也是它们迁徙途中栖息地。

俗话说，"世界竹子看中国、中国竹子看浙江、浙江竹子看安吉"，大家都知道安吉是非常有名的中国竹乡，全世界竹子品种有1300余种，我们景区里大大小小的有56种观赏竹种，众多关于竹子的传说、故事、典故穿插其中，和满园翠竹交相辉映，体现了竹与人、竹与文化、竹与自然的和谐。现在我们所处的就是一个比较小型占地6亩的观赏竹园。

"赤橙黄绿青蓝紫，谁持彩虹当空舞"，现在大家脚下所走的就是彩虹桥，大家可以抬头看一下有三个大字"彩虹桥"，落款何仙姑，再往里走，我们左手边是景区最大的湖"静湖"，湖边栽着一排杨柳，在湖中央可以看到一根巨大的柱子，我们称它为"定海神针"，它是我们景区最高的标志性建筑，也是我们景区的镇园之宝，还是中南百草原的三绝之一。它高达38.8米，直径2.4米，可别小看了它的高度，这可是取自月球与地球之间的距离，建造时是希望这根柱子能连接天地，使天地人达到一个和谐的状态。在这根柱子的上方有一圈喷泉管道，主要是用于制造人工彩虹的，它的顶端会喷出一个落差50米的人工喷泉，当天气特别好、光线特别强烈的时候，经过阳光的折射，以合适的角度观看，就可以在湖面上看见一道非常漂亮的彩虹。所以，这也形成了百草原一大景观——虹彩夕照。除了制造人工彩虹，还有一个用途就是避雷，它的最顶端装有3根避雷针，表面涂了2吨的变色铜粉，起着一个避雷作用以保护周边的动植物。这根"定海神针"是百草原景区的镇园之宝，被称为"三绝"之一。

安吉有五张金名片，安吉4张金名片分别是转椅之乡、竹乡、孝子之乡、发电之乡、还有一张金名片就是白茶之乡，说到茶叶不得不提的就是安吉的名茶，也是中国十大名茶之一的安吉白茶。左边就是一片占地3亩的白茶园，白茶是安吉的特产之一，之所以被叫做白茶是因为它叶质幼嫩，牙白脉绿，泡在水中像一朵朵盛开的白玉兰，非常的漂亮。白茶也非常的奇特，整棵树的茶芽颜色会随着时令发生变化，清明前的嫩叶是灰白色的；到了谷雨时，嫩叶会逐渐转绿。正是因为生长过程中有一段时期呈白色，不久后会转为全绿色，且完全按照绿茶的方法炒制而成。白茶的营养成份非常高，含有人体所需的13种氨基酸，含量超过7%，高于普通绿茶2~5倍。由于白茶营养丰富、有利健康，所以深受女性喜爱，也赢得了"美容茶"的称号。因为白茶具经济、观赏价值于一体，被评为"浙江省农业名牌产品"，在2000年和2001年的国际茶叶博览会上两次以"玉凤"获得金奖，2001年"安吉白茶"被国家商标局认定为原产地证明商标。2004年被评为浙江省十大名茶，并获国家原产地域产品保护。

右侧是一片占地7亩的梅园，梅花原产于中国，距今已有4000年的历史了，它有300多个品种，我们主要以青梅、红梅为主，也有腊梅和春梅。梅花先开花后长叶，在每年2月份开花，有红、白、粉红等颜色，花瓣为五片，有着五福的象征（快乐、幸福、长寿、顺利、和平）。另外梅花也跟兰花、竹子、菊花一起称为四君子，被认为是最有节气的花种。每年梅花盛开的季节我们都会举办梅花节，以便游客来欣赏梅花。

各位，以上游览的就是我们的生态植物观光区，接下来我们现在所处的位置是野生动物繁殖基地。

中南百草原动物园位于国家4A级旅游景区内，曾获得全国野生动物保护科普教育基地的荣誉称号，也是浙江省野生动物驯养繁殖基地，以及湖州市陆生野生动物救治中心。总占地面积785亩，园内有来自世界各地珍稀濒危野生动物近百种，禽类有数千只。其中有国家一级保护动物丹顶鹤、梅花鹿、金钱豹、黑豹等，国家二级保护动物马鹿、猕猴、娃娃鱼、小熊猫等，还有外来物种动物斑鬣犬、金刚鹦鹉、鸵鸟、鸸鹋等，还有两栖类爬行动物，各类世界名犬，稀有观赏动物等，前面有个静湖，湖中间有个湖心岛，里面放养着小天鹅、黑天鹅、大雁、黄鸭、鸳鸯等。

各位游客，接下来就请大家自由参观，请大家注意安全，祝大家旅途愉快。

学习收获：

请根据编写的导游词，选取几处湖州景点，进行实地讲解。
学了这个项目，我的收获是：

学习评价：

评 价 表

内容	分值	自我评价	小组评价
仪容仪表	20		
讲解内容	20		
导游语言	20		
导游规范	20		
应变能力	20		
总评			
建议			
星级评定： ★（59分及以下）　★★（60~69分）　★★★（70~79分） ★★★★（80~89分）　★★★★★（90分及以上）			